ラテン語とギリシア語を同時に学ぶ

小倉 博行 著

白水社

装丁・本文デザイン　株式会社エディポック＋大塚 勉
本文レイアウト・DTP　株式会社エディポック

はじめに

　ラテン語を学ぼうと思う人の多くは同時にギリシア語（もちろん現代ギリシア語というよりも古典ギリシア語のことです）にも興味を持っているはずですし、逆にギリシア語に関心を持つ人の視野にもまた、ラテン語という存在は入っているでしょう。

　古代ローマは、自分たちより一足先にその文化文明の絶頂を迎えていたギリシアに学び、自然科学から哲学や文芸などの人文科学にいたる多くの知識を吸収しました。

　また、言語的に見れば、両者とも、インド・ヨーロッパ語族という、広範囲にわたって数多く分布する一大言語群に属しています。インド・ヨーロッパ語族とは、ドイツ語や英語を始めとするゲルマン語派、リトアニア語やラトヴィア語が属すバルト語派、ロシア語で知られるスラヴ語派、サンスクリットやペルシア語といったインド・イラン語派などからなり、それらに共通する祖語の存在が想定されています。したがって、ラテン語とギリシア語の間にも文法的な、あるいは語彙的な共通性が随所に見出されます。一見するとまったく異なるように思えるラテン文字とギリシア文字でさえ、血縁関係にあります。

　こうしたことから、ラテン語とギリシア語は歴史的にも言語的にも密接な関係を持った言語であると言うことができます。本書は、そうした両者を比べながら見ていくことによって、お互いの言語のしくみをよりよく理解できる一助になればという思いで書かれました。どちらか一方をすでに学んでいる方であれば、その知識がもう一方を知るための心強い道具になりますし、これから両者を学んでみようという方であれば、その共通性をまずは意識してみるとよいでしょう。本書である程度のラテン語像、ギリシア語像のようなものを摑み、さらにその奥深くへと進んでみようと本格的な文法書に取り組んでいただければ幸いです。

　最後に、本書の刊行にあたり、歩みの遅い著者の手綱をあるときは緩め、あるときは引いてくださった白水社の岩堀雅己さんには並々ならぬお世話をいただきました。ここに心からの謝意を表したいと思います。

2015年夏

著　者

目次

はじめに　3

1. 文字と発音　6
2. 動詞の現在形、第一変化名詞、ギリシア語の定冠詞　11
3. 第二変化名詞　20
4. 第一・第二変化形容詞、未完了過去　24
5. 未来形、第三変化名詞　29
6. 完了形とギリシア語のアオリスト　40
7. 第三変化形容詞　46
8. ギリシア語の約音動詞　50
9. 過去完了と未来完了　52
10. 前置詞　54
11. 人称代名詞、強意代名詞、所有形容詞　57
12. 関係代名詞　62
13. 不定代名詞、不定関係代名詞　64
14. 指示代名詞　67
15. ギリシア語の中動態、受動態　70
16. 命令法　78

⑰	能相欠如動詞	83
⑱	分詞⑴	86
⑲	分詞⑵	90
⑳	不定法	93
㉑	非人称表現	97
㉒	ラテン語の第四・第五変化名詞とギリシア語の -μι 動詞	100
㉓	接続法	103
㉔	ギリシア語の希求法	108
㉕	比較級と最上級	111
㉖	格の特別な用法	116
㉗	動形容詞	119
㉘	間接話法	123
㉙	条件文	127
㉚	数詞	131

付録

音節について　136

ラテン語変化表　139

ギリシア語変化表　162

文法項目索引　197

1 文字と発音

festīnā lentē. / σπεῦδε βραδέως.　ゆっくり急げ！

　この課では、上記のラテン語とギリシア語の格言を発音できるようにすることを目指します。あせらずに行きましょう。

❧ ラテン文字

大文字	小文字	名称	発音	大文字	小文字	名称	発音
A	a	アー	a, a:	N	n	エヌ	n
B	b	ベー	b	O	o	オー	o, o:
C	c	ケー	k	P	p	ペー	p
D	d	デー	d	Q	q	クー	k
E	e	エー	e, e:	R	r	エル	r
F	f	エフ	f	S	s	エス	s
G	g	ゲー	g	T	t	テー	t
H	h	ハー	h	U	u	ウー	u, u:, w
I	i	イー	i, i:, j	V	v	ウー	w
K	k	カー	k	X	x	イクス	ks
L	l	エル	l	Y	y	ユー	y, y:
M	m	エム	m	Z	z	ゼータ	z, dz

❧ ギリシア文字

大文字	小文字	名称	発音	大文字	小文字	名称	発音
Α	α	アルパ	a, a:	Ν	ν	ニュー	n
Β	β	ベータ	b	Ξ	ξ	クシー（クセイ）	ks
Γ	γ	ガンマ	g	Ο	ο	オミークロン	o
Δ	δ	デルタ	d	Π	π	ピー（ペイ）	p
Ε	ε	エプシーロン	e	Ρ	ρ	ロー	r
Ζ	ζ	ゼータ	zd, dz	Σ	σ, ς	シーグマ	s
Η	η	エータ	e:	Τ	τ	タウ	t
Θ	θ	テータ	th	Υ	υ	ユープシーロン	y, y:
Ι	ι	イオータ	i, i:	Φ	φ	ピー（ペイ）	ph
Κ	κ	カッパ	k	Χ	χ	キー（ケイ）	kh
Λ	λ	ラムダ	l	Ψ	ψ	プシー（プセイ）	ps
Μ	μ	ミュー	m	Ω	ω	オーメガ	o:

とくに大文字を見ると、ラテン文字とギリシア文字がよく似ていることが分かると思います。それもそのはずで、ギリシア文字はラテン文字の先祖にあたります。イタリアの先住民族であるエトルリア人がギリシア文字をもとにエトルリア文字を作りました。我々がローマ人と呼ぶ民族があとからやって来て、自分たちの言語であるラテン語を書き表すために、このエトルリア文字とギリシア文字から生み出したのがラテン文字なのです。

ラテン語とギリシア語の母音と子音

	ラテン語	ギリシア語
短母音	a, e, i, o, u, y ア, エ, イ, オ, ウ, ユ	α, ε, ι, ο, υ ア, エ, イ, オ, ユ
長母音	ā, ē, ī, ō, ū, ȳ アー, エー, イー, オー, ウー, ユー	ᾱ, η, ῑ, ω, ῡ アー, エー, イー, オー, ユー
二重母音	ae [アエ]　oe [オエ] au [アウ]　eu [エウ] ei [エイ]　ui [ウイ]	αι [アイ]　ει [エイ]　οι [オイ] υι [ユイ]　αυ [アウ]　ευ [エウ] ου [ウー]　ηυ [エーウ] ᾱι [アーイ]（ᾳ と書かれます） ηι [エーイ]（ῃ と書かれます） ωι [オーイ]（ῳ と書かれます）

ラテン語	ギリシア語	発音	ラテン語	ギリシア語	発音
b	β	バ行の音	q		カ行の音
c		カ行の音	r	ρ	巻き舌の音
d	δ	ダ行の音[※1]	s	σ, ς	サ行の音
f		英語のfの音	t	τ	タ行の音[※1]
g	γ	ガ行の音	v (u)		英語のwの音[※4]
h		ハ行の音	x	ξ	「クス」
i (j)		ヤ行の音[※2]	z	ζ	ザ行の音
k	κ	カ行の音	th	θ	[※5]
l	λ	ラ行の音	ph	φ	[※5]
m	μ	マ行の音	ch	χ	[※5]
n	ν	ナ行の音[※3]	ps	ψ	「プス」
p	π	パ行の音			

[※1] ただし、母音iが続くと、「ジ」「チ」ではなく「ディ」「ティ」のように発音します。
[※2] 子音としてのiはjと綴られることもあります（iam / jam「すでに」）。
[※3] 母音が後続しないときは「ン」の音になります。
[※4] 母音のuと区別しないで表記されることもあります（vulgus / uulgus「民衆」）。
[※5] 実際にはそれぞれt / τ, p / π, そしてc / κのように読んで差し支えありません。

まずは母音字です。ラテン語もギリシア語も長母音の記号は普通は用いられません。ギリシア語の ᾳ, ῃ, ῳ に見られる記号は「下書きのイオータ」と呼ばれます。大文字だけを用いる場合にはこれを使わず、AI, HI, ΩI のように記します。このときのイオータを「並べ書きのイオータ」と呼びます。ただし、このように二重母音を形成する母音が並んでいてもそれぞれが独立した母音としてはたらいている場合は、ιχθυϊ［イクテュイ］「魚に」のように、しばしば2つ目の母音字に分離符（¨）を付けます。

次に子音字を見てみましょう。ラテン語にはカ行の音を表す文字として c, k, q の3つがあります。ただし、k は Kalendae「朔日」にしか用いられませんし、q は半子音の u がつねに後続します。gu についても原則は同じで、「誰」を意味する quis は［クゥイス］と、「舌、言葉」を意味する lingua は［リングゥ］のように発音します。ギリシア語の σ と ς は同じ発音ですが、後者は語末に用いられます。

ζ は本来二重子音［zd］［dz］であり、［z］を表すようになったのは紀元前4世紀後半以降と考えられています。ギリシア文字をラテン文字に転写する際、ζ は zd や dz ではなく z で表されます（ζεφυρος［ゼピュロス］「西風」→ zephyros）。

ギリシア語では、いわゆるハ行の音が語頭に現われますが、文字ではなく、ἡλιος［ヘーリオス］「太陽」のように気息記号（῾）によって表します。ハ行の音を持たない場合は ἐργον［エルゴン］「仕事」のように（᾿）を記し、小文字ならば上に、大文字ならば左肩に付けます。ギリシア語では、ガ行の音を表す γ は、γ, κ, χ, ξ の前では「ン」と発音します。

例）　ἀγγελος　　　［アンゲロス］　　　天使
　　　ἐγκαρπος　　［エンカルポス］　　肥沃な
　　　παγκρηστος　［パンクレーストス］　全てに有用な
　　　λυγξ　　　　　［リュンクス］　　　山猫

アクセント

ラテン語もギリシア語も、日本語と同じように高低アクセントを持っています。高低アクセントとは「橋」と「箸」を区別するあの方法です。アクセント位置は、単語を音節に区切ることによって知ることができます（音節に関する詳しい説明は巻末136ページの付録にあります）。

まずはラテン語から見ていきましょう。

ラテン語のアクセント位置

(1) 2音節語の場合は第一音節にアクセントがあります。
　　pá-ter「父」、ró-sa「バラ」、có-lō「耕す」などです。
(2) 3音節以上の語の場合は、後ろから2つ目の音節が長い音節ならばそこに、短い音節ならばその左隣（つまり後ろから3つ目の音節）にアクセントがあります。
　　前者の例：pa-pý-rus「パピルス」、fe-nés-tra「窓」
　　後者の例：con-vé-ni-ō「集まる」、dó-mi-nus「主人」、té-ne-brae「闇」

ギリシア語のアクセント位置

　アクセント位置を自分で割り出さなくてはならないラテン語に対して、ギリシア語はアクセント位置も表記しておくというのが中世以来の習慣です。ですから、簡単に言ってしまえば、書いてある通りにアクセントを置いて読めばよいということになります。これまでは意図的にギリシア語の単語のアクセント位置を書きませんでしたが、今後は習慣にのっとってかならず表記することにします。ところで、ギリシア語には3種類のアクセント記号があります。1つ目はラテン語のアクセントのときにも用いた「´」です。これは「鋭アクセント」と呼ばれ、これが付された箇所を高く読みます。2つ目は＾（または⌢）で、「曲アクセント」と呼ばれます。曲アクセントは長母音か二重母音の上にのみ現れ、始めの母音が高く、次が低いことを示します。以下に例を挙げます。

　　βαίνω　［バイノー］　歩く
　　καλός　［カロス］　美しい
　　δῆτα　［データ］　確かに
　　（η は εε と考え、最初の ε が高く、次の ε が低くなります）
　　δεῦρο　［デウロ］　ここへ

　3つ目は「重アクセント」と呼ばれるもので、鋭アクセントとは逆向きの「`」で記されます。最終音節の鋭アクセントは、直後に単語が続くときにこの重アクセントに変わります。例えば「父」は πατήρ、「そして」は καί ですが、「父と母」と言うときは次のようになります。

　　πατὴρ καὶ μήτηρ［パテール カイ メーテール］　父と母

　重アクセントのはたらきは、簡単に言ってしまうと「それまで保持していた鋭アクセントが失われたことを示す」と考えてよいでしょう。ですから、重アクセ

ントが記されていたら何も抑揚を付けずに読めばよいということです。

　また、大文字にアクセント記号を付ける場合（実際上は語頭）、その文字の左側に振ります。これは気息記号も同様です。古代ギリシアを代表する一大叙事詩『イーリアス』『オデュッセイア』の作者とされるホメーロスは次のように表記します。

　　Ὅμηρος［ホメーロス］

　これで、この課冒頭のfestīnā lentē. / σπεῦδε βραδέως. を声に出して読むことができるようになりました。ラテン語のアクセントは、festīnāの方が後ろから2つ目の母音が長いのでそこにアクセント、lentēは2音節語なので最初のeにアクセントをおけばよいですね。

　　フェスティーナー・レンテー／スペウデ・ブラデオース

本書でのラテン語およびギリシア語の表記について

　ラテン文字もギリシア文字も、それぞれ古代ローマ・ギリシアの時代には小文字を持っておらず、したがって大文字だけで表記されていました。ラテン文字については、2世紀頃にアンシャル体と呼ばれる字体が小文字の起源と考えられていますが、現在用いられている小文字は、フランク王国で古典の復興運動を興したカール大帝（742〜814）の名にちなむカロリング小字体が元になっています。一方ギリシア文字の小文字が生まれたのは9世紀になってからです。本書では、Rōma「ローマ」やἈθῆναι「アテーナイ」と、それらに対応するRōmānus「ローマの」やἈθηναῖος「アテーナイの」のように、固有名詞とそこから派生した形容詞の筆頭文字に大文字を、それ以外は小文字をそれぞれ用いることにします。

動詞の現在形、第一変化名詞、ギリシア語の定冠詞

linguam Latīnam discō. / **τὴν Ἑλληνικὴν μανθάνω.**
私はラテン語を学んでいます。　　私はギリシア語を学んでいます。

ラテン語amō「愛する」とギリシア語παιδεύω「教育する」の活用

不定法		amāre	παιδεύειν
単数	1	amō	παιδεύω
	2	amās	παιδεύεις
	3	amat	παιδεύει
複数	1	amāmus	παιδεύομεν
	2	amātis	παιδεύετε
	3	amant	παιδεύουσι(*ν)
双数	2		παιδεύετον
	3		παιδεύετον

人称語尾		-re	-ειν
単数	1	-ō	-ω
	2	-s	-εις
	3	-t	-ει
複数	1	-mus	-ομεν
	2	-tis	-ετε
	3	-nt	-ουσι(ν)
双数	2		-ετον
	3		-ετον

＊母音で始まる語の前ではこのνが付きます。また文末でもよく見られます。

　ラテン語もギリシア語も、多くの単語は文中でのその役割を示すために変化します。その変化のしかたを「屈折」と言います。名詞ならば主語なのか目的語なのかといったことなどによって、動詞ならば誰がその行為を行なうのか、あるいはいつその行為が行なわれたのかといったことなどによって単語の語尾が変化します。名詞と形容詞の変化を「曲用」、そして動詞の変化を「活用」と呼びます。

　人称語尾の表は、主語が誰であるかを表す語尾を抜き出したものです。厳密に言えばギリシア語の方は本来の語尾の前にある母音と複雑に融合しているのですが、ひとまずここでは便宜的に上の表のように記すこととし、学習上は上記右端の表の要素を活用語尾として覚えて差し支えないでしょう。

　ラテン語の方はとてもはっきりと語尾そのものの形が現われています。また、1人称単数の-ōと-ωや2人称単数の-sと-(ει)ςなど、ラテン語とギリシア語の人称語尾がいかによく似ているか見てとることができると思います。ギリシア語とラテン語は同じインド・ヨーロッパ語族に属しています。つまり両者は同じ共通の祖先に遡ることができる言語ということで、多くの言語要素を共有しているのです。

　なお、ここに挙げた動詞は能動態の現在形です。現在の行為や状態を表すのが現在形です。ラテン語もギリシア語も、例えば「読む」と「読んでいる」の言語形式上の区別はなく、いずれも現在形で表されます。

さらに、例えば「私は本を読む」のように、他動詞を核として、主格で表される主語と対格で表される直接目的語（「主格」と「対格」については15ページを参照）が現われる形を能動態と呼びます。受動態は、この能動態において対格で現われる要素が主語の位置に移動することによって得られる形（「私によって本が読まれる」）です。

人称と数

　ラテン語やギリシア語の動詞では、なによりも人称と数の概念をおさえておくことが大切です。人称とは「主語が誰か」ということで、「私」のときが1人称、「あなた」が2人称、「彼、彼女、それ」が3人称です。そして、さらにこれらが1人ないし1つのときは単数、何人かあるいはいくつかのときは複数の形がそれぞれ用いられます。また、そうした人称をそれ自体では示さない形が「不定法」で、「～すること」を表します。

　ラテン語になくてギリシア語にあるのが双数です。双数は「両目」や「両足」のように対で表されるものや、強い結びつきを持つ2つのものに対して用いられます。ラテン語には双数がありません。上述の「目」や「足」ならば複数で言えば、常識的に「両目」「両足」の意味になりますし、そうでない場合は「2つの」を表す数詞を用います。

ラテン語の動詞の活用タイプ

　ラテン語の方は、「～すること」を表す不定法の語尾 -re の直前の母音によって、4つの活用タイプに分けられます。前ページに挙げた amō は第一活用と呼ばれるグループに属しています。

amō「愛する」、videō「見る」、regō「支配する」、capiō「取る」、audiō「聞く」の活用

		第一活用	第二活用	第三活用 (a)	第三活用 (b)	第四活用
不定法		amāre	vidēre	regere	capere	audīre
単数	1	amō	videō	regō	capiō	audiō
	2	amās	vidēs	regis	capis	audīs
	3	amat	videt	regit	capit	audit
複数	1	amāmus	vidēmus	regimus	capimus	audīmus
	2	amātis	vidētis	regitis	capitis	audītis
	3	amant	vident	regunt	capiunt	audiunt

第一活用はamāreに見られるように不定法語尾の直前がāになります。以下、第二活用はē、第三活用はe、第四活用はīであるのがそれぞれ特徴です。また、第三（a）と（b）の違いは、1人称単数と3人称複数の語尾の直前に-i-がなければ（a）、あれば（b）という点にあります。なお、不定法から語尾を取った形（amā-, vidē-, rege-, cape-, audī-）を「現在幹」と呼びます。

ギリシア語の動詞の活用タイプ

ギリシア語の動詞の活用タイプには、1人称単数が-ωで終わるものと-μιで終わるものの2種類あり、前者については11ページの表の通りです。-μι動詞についてはもう少し後の方で学ぶことにしますが、数が少ないながらも、古い状態、少し専門的な言い方をすればインド・ヨーロッパ祖語に近い姿を保っていると考えられています（101ページ参照）。

ラテン語とギリシア語の動詞の代表形

英語、ドイツ語、さらにはフランス語のような現代の西欧の言語とは異なり、ラテン語とギリシア語は、amōやπαιδεύωのように現在形の1人称単数を代表形とします。

すこしびっくりするかもしれませんが、実はもうこれだけでラテン語とギリシア語の文を作ることができます。amō, παιδεύωと言うだけで、「私は愛する」「私は教育する」という意味になります。では「あなたは愛する」「あなたは教育する」だとどうでしょう。2人称単数のamās、παιδεύειςとすればよいですね。「彼らは愛する」「彼らは教育する」ならば、これらの2人称単数の語尾を3人称複数にするわけです。

  amās → amant
  παιδεύεις → παιδεύουσι(ν)

今度は疑問文を作ってみましょう。古代ローマや古代ギリシアの時代には疑問符はありませんでしたが、ラテン語では「?」を、ギリシア語では「;」を使うのが慣用になっています。

多くの場合、ラテン語は小辞-neを文の筆頭要素に付けますが、ギリシア語には疑問を強調しない限り、特別な形はありません。

  amāsne？ あなたは愛するか。
  παιδεύεις; あなたは教育するか。

なお、ギリシア語の方は、いわゆるコロンやセミコロンに相当するのは「·」です。

ラテン語とギリシア語の名詞

　ラテン語とギリシア語の名詞には、かならず男性・女性・中性のいずれかの性が割りあてられています。これはインド・ヨーロッパ語族に属する言語に広く観察される特徴で、pater と πατήρ「父」が男性名詞で、māter と μήτηρ「母」が女性名詞であるのは当然のこととしてとらえることができますが、sōl と ἥλιος「太陽」が男性名詞で、lūna と σελήνη「月」が女性名詞であり、さらにギリシア語では「子供」を意味する τέκνον は中性名詞である、と言われて「なるほど」と思える人はいないのではないでしょうか。このように自然の性を持たないものにまで性が与えられているのですが、その単語の意味と性との間に必然的な結びつきはありません。こうした性は「文法性」と呼ばれます。

　さらに、ラテン語とギリシア語の名詞は、文中のはたらきを示す「格」と、1つなのか複数なのか（さらにギリシア語は「2つであること」を示すこともあります）を示す「数」によって変化します。ここでは第一変化名詞と呼ばれる名詞カテゴリーを見ていくことにします。

ラテン語とギリシア語の第一変化名詞

patria　祖国

	単数	複数
主格	patria	patriae
呼格	patria	patriae
属格	patriae	patriārum
与格	patriae	patriīs
対格	patriam	patriās
奪格	patriā	patriīs

χώρᾱ　祖国

	単数	複数	双数
主格	χώρᾱ	χῶραι	χώρᾱ
呼格	χώρᾱ	χῶραι	χώρᾱ
属格	χώρᾱς	χωρῶν	χώραιν
与格	χώρᾳ	χώραις	χώραιν
対格	χώρᾱν	χώρᾱς	χώρᾱ

　第一変化の変化語尾も、例えば単数与格が -ae / -ᾳ (< *-αι)、複数主格が -ae / -αι、複数対格が -ās / -ᾱς と、ラテン語とギリシア語の間でたいへんよく似ています。複数属格は一見すると共通性が見えにくいのですが、同じものを共有しています。やはりここでもラテン語とギリシア語は同じ言語要素を用いていることがわかります。ギリシア語の場合、単数で ᾱ が現われるのは直前が ε, ι, ρ のときです。それ以外の場合については後述します。

格のはたらき

　上の表から分かるように、ラテン語には6つの格が、ギリシア語には5つの格があります。ここではそれぞれの格の基本的な使い方を見ていきましょう。

主格：主語、または「AはBである」というときのBを表す
呼格：呼びかけ（「〜よ！」）を表す
属格：所有関係（「〜の」）を表す
与格：間接目的語（「〜に」）を表す
対格：直接目的語（「〜を」）を表す
奪格：(1) 分離（「〜から」）を表す
　　　(2) 手段（「〜で」）を表す
　　　(3) 時（「〜に」）を表す

なお、奪格を持たないギリシア語は、「分離」と「時」を属格によって、「手段」を与格によって表します。
そして、ラテン語もギリシア語も、基本的には単数の主格形を代表形とし、辞書などではこれが見出し語になっています。

第一変化名詞のタイプ

ギリシア語は同じ第一変化名詞に属するいくつかのタイプがあります。

ψῡχή　魂

	単数	複数	双数
主・呼	ψῡχή	ψῡχαί	ψυχά
属	ψῡχῆς	ψῡχῶν	ψυχαῖν
与	ψῡχῇ	ψῡχαῖς	ψυχαῖν
対	ψῡχήν	ψῡχάς	ψυχά

θάλαττα　海

	単数	複数	双数
主・呼	θάλαττα	θάλατται	θαλάττᾱ
属	θαλάττης	θαλαττῶν	θαλάτταιν
与	θαλάττῃ	θαλάτταις	θαλάτταιν
対	θάλατταν	θαλάττᾱς	θαλάττᾱ

μοῖρα　運命

	単数	複数	双数
主・呼	μοῖρα	μοῖραι	μοίρᾱ
属	μοίρᾱς	μοιρῶν	μοίραιν
与	μοίρᾳ	μοίραις	μοίραιν
対	μοῖραν	μοίρᾱς	μοίρᾱ

ψῡχή「魂」をすでに見た χώρᾱ「祖国」と比較してみましょう。-ᾱ が現われるのは直前が ε, ι, ρ の場合でした。逆にそれ以外ですとこのように ή となるわけです。θάλαττα「海」は、単数の属格と与格に α ではなく η が、逆に μοῖρα「運命」では α が現われています。

アクセントが移動しているものもありますが、これについては次の課で少し細かく説明したいと思います。

男性の第一変化名詞

ラテン語もギリシア語も、第一変化名詞はその大多数が女性名詞であるという点が共通していますが、逆に言えば若干の男性名詞もあるということです。

以下は第一変化に属す男性名詞です。第一変化の男性名詞は職業などを表します。

poēta　詩人

	単数	複数
主格	poēta	poētae
呼格		
属格	poētae	poētārum
与格	poētae	poētīs
対格	poētam	poētās
奪格	poētā	poētīs

ποιητής　詩人

	単数	複数	双数
主格	ποιητής	ποιηταί	ποιητά
呼格	ποιητά		
属格	ποιητοῦ	ποιητῶν	ποιηταῖν
与格	ποιητῇ	ποιηταῖς	
対格	ποιητήν	ποιητάς	ποιητά

ラテン語 poēta は、ギリシア語 ποιητής からの借用です。ラテン語の第一変化名詞に属する男性名詞はこの他に、agricola「農夫」、incola「住人」、nauta「船乗り」などがあります。ギリシア語 ποιητής では、単数属格に -ου という語尾が現われますが、これはこの次に触れる、大多数が男性名詞からなる第二変化名詞の単数属格の語尾です。ギリシア語の男性の第一変化名詞は ποιητής の他に、στρατιώτης「兵士」、δικαστής「裁判官」、δεσπότης「主人」、οἰκέτης「召使」などがあります。

また、単数主格が -ης の他に -ᾱς で終わるものもあります。

νεᾱνίᾱς　若者

	単数	複数	双数
主	νεᾱνίᾱς	νεᾱνίαι	νεᾱνίᾱ
呼	νεᾱνίᾱ		
属	νεᾱνίου	νεᾱνιῶν	νεᾱνίαιν
与	νεᾱνίᾳ	νεᾱνίαις	
対	νεᾱνίᾱν	νεᾱνίᾱς	νεᾱνίᾱ

　では、「詩人たちが歌う」をラテン語とギリシア語で言ってみましょう。「詩人たちが」はpoēta, ποιητήςの複数主格形 poētae, ποιηταίを使います。「歌う」はラテン語はcanō, -ereという第三活用動詞を、ギリシア語はᾄδωを3人称複数にします。

　　poētae canunt.
　　ποιηταὶ ᾄδουσιν.

ギリシア語の定冠詞

	単数		
	男	女	中
主・呼	ὁ	ἡ	τό
属	τοῦ	τῆς	τοῦ
与	τῷ	τῇ	τῷ
対	τόν	τήν	τό

	複数		
	男	女	中
主・呼	οἱ	αἱ	τά
属	τῶν	τῶν	τῶν
与	τοῖς	ταῖς	τοῖς
対	τούς	τάς	τά

	双数		
	男	女	中
主・呼	τώ		
属	τοῖν		
与	τοῖν		
対	τώ		

　ギリシア語にはこのように定冠詞があります。呼格は主格と同形です。単数主格の形をとって「ホ・ヘ・ト」のような言い方をすると、日本人には覚えやすいのではないでしょうか。使い方は文脈などから限定されている名詞に付いたり、その名詞が指すカテゴリー全体を捉える場合に付いたりします。両者のニュアンスを強調すると以下のような日本語訳をあてることができるでしょう。

　　ἡ λύρᾱ　　その琴（は）
　　αἱ λύραι　　琴というもの（は）

ラテン語には定冠詞がないので、「その」のような意味の単語を添えるか、あるいは文脈から判断します。また、頻度は低いですが、ギリシア語の女性の双数には主格・呼格・対格でτά、属格と与格でταῖνという形もあります。ギリシア語の辞書は定冠詞を併記することでその名詞の性を表すことになっていますので、本書でもこの方針をとります。ラテン語には定冠詞はありませんので、ラテン語の名詞の性については、男性・女性・中性をそれぞれ m., f., n. で表します。これは「男性名詞」を nōmen masculīnum、「女性名詞」を nōmen fēminīnum、「中性名詞」を nōmen neutrum と呼ぶことに由来します。

　では、これまで学んできたことをふまえて、「その少女は手紙を書く」と言ってみましょう。

「その少女は」：puella, ἡ κόρη

「手紙を」：　　epistula の対格→ epistulam
　　　　　　　ἐπιστολή の対格→ ἐπιστολήν

「書く」：　　　第三活用 scrībō -ere, γράφω の3人称単数
　　　　　　　→ scrībit, γράφει

　　puella epistulam scrībit.　　その少女は手紙を書く。
　　ἡ κόρη ἐπιστολὴν γράφει.

次に「(ある) 少女たちがその詩人に手紙を送る」と言ってみます。

「少女たちが」：puella, κόρη の複数主格→ puellae, κόραι
「その詩人に」：poēta, ὁ ποιητής の単数与格→ poētae, τῷ ποιητῇ
「手紙を」：　　epistulam, ἐπιστολήν
「送る」：　　　第三活用動詞 mittō, -ere の3人称複数→ mittunt
　　　　　　　πέμπω の3人称複数→ πέμπουσι(ν)

　　puellae poētae epistulam mittunt.　　少女たちがその詩人に手紙を送る。
　　κόραι τῷ ποιητῇ ἐπιστολὴν πέμπουσιν.

　ラテン語の epistula も、poēta と同様にギリシア語から拝借したものです。
　これで、この課の冒頭に挙げたラテン語とギリシア語の文のしくみが、ほぼ分かります。ラテン語の方は、第一変化名詞 lingua「言葉」の単数対格形 linguam と、discō「学ぶ」の1人称単数が用いられています。Latīnam というのは、これ

から学ぶことになる「ラテン語の」という意味の形容詞です。よく見るとlinguamと同じく-amで終わっていますね。このしくみは第4課で学びます。

　ギリシア語は、単数主格が-ηで終わる第一変化名詞Ἑλληνική「ギリシア語」の単数対格形Ἑλληνικήνが、定冠詞の女性単数対格形τήνとともに用いられています。μανθάνωは「学ぶ」の1人称単数ですね。

ラテン語とギリシア語の語順

　ラテン語もギリシア語も、「語順が自由」と言われることがよくあります。格や人称などの文法的なはたらきが語尾によって明確に表されるラテン語やギリシア語では、基本的には文のどこに単語を置いても意味が変わることがないためです。ですから冒頭の2つの文を、それぞれ、次のように語順を入れ替えても文意の解釈になんら影響を与えることはありません。

　　discō linguam Latīnam.
　　μανθάνω τὴν Ἑλληνικήν.

　もっとも、実際には「それで一つのグループをなす」ような場合はある程度語順が決まっていて、linguam Latīnamの代わりにLatīnam linguam、τὴν Ἑλληνικήνの代わりにἙλληνικὴν τήνのように言うことはありません。

3 第二変化名詞

equum vidēmus. / ἵππον ὁρῶμεν.
私たちは馬を見ています。

ラテン語とギリシア語の第二変化名詞

　ラテン語とギリシア語の第二変化名詞は、その単数主格形が -us / -ος で終わるものと、-um / -ον で終わるものとがあります。前者は大多数が男性名詞ですが、女性名詞と中性名詞も若干あります。後者はかならず中性名詞です。まずは -us / -ος 型を見ましょう。

equus *m.* 馬

	単数	複数
主格	equus	equī
呼格	eque	
属格	equī	equōrum
与格	equō	equīs
対格	equum	equōs
奪格	equō	equīs

ἵππος, ὁ　馬

	単数	複数	双数
主格	ἵππος	ἵπποι	ἵππω
呼格	ἵππε		
属格	ἵππου	ἵππων	ἵπποιν
与格	ἵππῳ	ἵπποις	
対格	ἵππον	ἵππους	ἵππω

　このように、-us / -ος の対応など、ここでも語尾の共通性は一目瞭然です。余談ですが、両者の単語もまた共通で、*ekwo- という形に遡ると考えられています。

　冒頭のラテン語とギリシア語については、equum と ἵππον はそれぞれ、equus と ἵππος の単数対格形、そして vidēmus と ὁρῶμεν は、videō と ὁρῶ「見る」の1人称複数です（ὁρῶ については8課で扱います）。

　-us / -ος 型の第二変化名詞の特徴は、その多くが男性名詞であるという点にあります。しかし若干の女性名詞、さらにラテン語には中性名詞もあります。その例としては、pōpulus「ポプラ」や πλάτανος「プラタナス」などの樹木名、ὁδός「道」、加えてラテン語では Aegyptus「エジプト」などのギリシア語由来の地名などです（従ってギリシア語の Αἴγυπτος も女性名詞です）。また vulgus「民衆」や virus「毒」は中性名詞です。

❧ -um / -ov 型の第二変化名詞

第二変化名詞には単数主格がそれぞれ、-um / -ov で終わるものがあります。このタイプの名詞はすべて中性名詞です。

iugum *n.* くびき

	単数	複数
主格	iugum	iuga
呼格	iugum	iuga
属格	iugī	iugōrum
与格	iugō	iugīs
対格	iugum	iuga
奪格	iugō	iugīs

ζυγόν, τό　くびき

	単数	複数	双数
主格	ζυγόν	ζυγά	ζυγώ
呼格	ζυγόν	ζυγά	ζυγώ
属格	ζυγοῦ	ζυγῶν	ζυγοῖν
与格	ζυγῷ	ζυγοῖς	ζυγοῖν
対格	ζυγόν	ζυγά	ζυγώ

これら2つも同語源の単語です。ラテン語とギリシア語の中性名詞は、もう少し先で登場する第三変化名詞にもあります。しかし変化タイプの違いに関係なく、中性名詞はラテン語でもギリシア語でもつねに主格と対格が同形で、しかも複数形の場合は主格・対格がなんらかのかたちで-a（もちろんギリシア語なら-α）で終わります。また、ζυγόνには一つだけ注意する点があります。単数・複数・双数を通じて、属格と与格が曲アクセントになっています。これら2つの格語尾がアクセント位置になる場合、その母音が長母音か二重母音のときは曲アクセントになるという決まりがあるためです。

❧ 単数主格で -us が現われない第二変化名詞

ラテン語の第二変化名詞には、単数主格で-usが脱落してしまったものがあります。

puer *m.* 少年

	単数	複数
主格	puer	puerī
呼格	puer	puerī
属格	puerī	puerōrum
与格	puerō	puerīs
対格	puerum	puerōs
奪格	puerō	puerīs

ager *m.* 土地、畑

	単数	複数
主格	ager	agrī
呼格	ager	agrī
属格	agrī	agrōrum
与格	agrō	agrīs
対格	agrum	agrōs
奪格	agrō	agrīs

puerは単数主格形だけ注意しておけばよいのですが、agerの方はそうはいきません。単数主格と単数属格以降のすべての形を見比べてみてください。agerに対して、agrī, agrō...と、rの前のeが消えています。
　例えばmagistrīsという単語に遭遇して、意味を調べようとするとします。-īsが変化語尾であることを考えれば、そこから逆算すればmagistr-usが、想定しうる単数主格形だということになりますが、残念ながらこうした見出し語は存在しません。実はmagistrīsの単数主格形はmagister「教師」なのです。しかしこれだけだとeのないmagistr-との関連を説明することができません。
　ラテン語とギリシア語はこうしたことが起こりうるので、単数主格形の見出し語の横に、その属格形を併記することになっています。複数形で用いられるのが普通の名詞ならば、Persae, -ārum「ペルシア人」のように複数の主格形と属格形が与えられています。たとえばmagisterの横には -trī などと表記されています。ここを見ることによって初めて「magisterの場合、単数属格以降はmagistr-という形が現われる」ということが分かるのです。ですから、これからはこの併記されている形もつねに確認することが必要です。

アクセントに注意が必要なギリシア語の第二変化名詞

ἄνθρωπος, ὁ　人間

	単数	複数	双数
主	ἄνθρωπος	ἄνθρωποι	ἀνθρώπω
呼	ἄνθρωπε	ἄνθρωποι	
属	ἀνθρώπου	ἀνθρώπων	ἀνθρώποιν
与	ἀνθρώπῳ	ἀνθρώποις	ἀνθρώπω
対	ἄνθρωπον	ἀνθρώπους	

δῶρον, τό　贈り物

	単数	複数	双数
主	δῶρον	δῶρα	δώρω
呼	δῶρον	δῶρα	
属	δώρου	δώρων	δώροιν
与	δώρῳ	δώροις	
対	δῶρον	δῶρα	δώρω

　ἄνθρωπος と δῶρον の方は、アクセントの法則によって移動しています。ギリシア語のアクセントは以下のような法則があります。

(1) 鋭アクセント「´」は、最終音節・その直前の音節・さらにその前の音節のいずれかに現われます。逆に言えば、四音節からなる単語の場合、後ろから4つ

目の音節、つまり語頭音節にアクセントが来ることはありません。
(2) 最終音節が「長い音節」の場合、鋭アクセントが現われるのは、最終音節かその直前の音節のみです。
(3) 曲アクセント「＾」が現われるのは、最終音節かその直前の音節のみです。
(4) 最終音節が「短い音節」で、その直前の音節が「長い音節」のとき、後者に現われるアクセントは曲アクセントです。
(5) 最終音節が「長い音節」のとき、曲アクセントはその直前の音節には現われません。
(6) アクセント位置を求める場合に限っては、語末の -αι と -οι は短母音と見なされます。

　「短い音節」と「長い音節」については巻末の「短音節と長音節」を参照してください（137ページ）。ἄνθρωπος の単数属格および与格、複数属格・与格・対格、双数の２つの形は、上述の (2) の法則に当てはまるので、後ろから３つ目の音節にあたる語頭音節に鋭アクセントを置くことができません。これに対して複数主格および呼格は、-οι という語尾なので長い音節なのですが、法則 (6) から短いものと見なされ、語頭音節の鋭アクセントが保持されるのです。δῶρον の方は、単数属格および与格、複数属格および与格、双数の２つの形で ω の曲アクセントが鋭アクセントに変わっています。これは法則 (5) によるものです。
　名詞と形容詞のアクセント位置は可能なかぎり単数主格のものを保とうとしますが、動詞は語末から遠ざかろうとします。

4 第一・第二変化形容詞、未完了過去

equī pulchrī currēbant. / ἵπποι καλοὶ ἔτρεχον.

美しい馬たちが走っていた。

ラテン語とギリシア語の第一・第二変化形容詞

ラテン語もギリシア語も、形容詞は結びつく名詞の性・数・格に合わせて変化します。

まずは第一・第二変化と呼ばれる形容詞グループを見てみましょう。

bonus, -a, -um　よい

		男	女	中
単数	主	bonus	bona	bonum
	呼	bone	bona	bonum
	属	bonī	bonae	bonī
	与	bonō	bonae	bonō
	対	bonum	bonam	bonum
	奪	bonō	bonā	bonō
複数	主	bonī	bonae	bona
	呼	bonī	bonae	bona
	属	bonōrum	bonārum	bonōrum
	与	bonīs	bonīs	bonīs
	対	bonōs	bonās	bona
	奪	bonīs	bonīs	bonīs

ἀγαθός, -ή, -όν　よい

		男	女	中
単数	主	ἀγαθός	ἀγαθή	ἀγαθόν
	呼	ἀγαθέ	ἀγαθή	ἀγαθόν
	属	ἀγαθοῦ	ἀγαθῆς	ἀγαθοῦ
	与	ἀγαθῷ	ἀγαθῇ	ἀγαθῷ
	対	ἀγαθόν	ἀγαθήν	ἀγαθόν
複数	主	ἀγαθοί	ἀγαθαί	ἀγαθά
	呼	ἀγαθοί	ἀγαθαί	ἀγαθά
	属	ἀγαθῶν	ἀγαθῶν	ἀγαθῶν
	与	ἀγαθοῖς	ἀγαθαῖς	ἀγαθοῖς
	対	ἀγαθούς	ἀγαθάς	ἀγαθά
双数	主	ἀγαθώ	ἀγαθά	ἀγαθώ
	呼	ἀγαθώ	ἀγαθά	ἀγαθώ
	属	ἀγαθοῖν	ἀγαθαῖν	ἀγαθοῖν
	与	ἀγαθοῖν	ἀγαθαῖν	ἀγαθοῖν
	対	ἀγαθώ	ἀγαθά	ἀγαθώ

なぜ第一・第二変化と呼ばれるのか、その理由は一目瞭然だと思います。第一変化名詞と第二変化名詞の語尾からなるためですね。男性形は -us / -ος 型の第二変化名詞、女性形は第一変化名詞、そして中性形は -um / -ον 型の第二変化名詞です。
　ギリシア語の第一変化名詞は、単数主格形が -ᾱ で終わるものと、-η で終わるものとがありました。前者は ε, ι, ρ の後に限られるのでしたね。形容詞についても同様で、例えば μῑκρός「小さい」ならば、女性単数主格は μῑκρά となります。
　ギリシア語の第一・第二変化形容詞には、アクセントについてひとつ注意しなければならない点があります。ἄξιος「価値がある」の女性単数形は ἄξιᾰ ではなくて ἀξίᾱ ですね。23 ページのアクセントの法則（2）がはたらくためです。ところが複数主格（呼格も）と属格は、それぞれ ἀξίαι, ἀξιῶν ではなく、男性形のアクセントに引かれて ἄξιαι, ἀξίων となります。また、第一・第二変化形容詞の中には、女性形を持たず、男性形を女性形としても用いるものがあり、合成語やアクセントが三音節目にある三音節以上の語に多く見られます。ἄχρηστος「役に立たない」がその例です。語頭の α- はギリシア語で否定を表す小辞で、従って合成語なのです。
　ラテン語もギリシア語も「語順は自由」ですから、基本的には形容詞は名詞の前にも後ろにも現われます。ただ、ギリシア語では定冠詞を伴うと注意が必要です。名詞の前に形容詞が置かれるときは、τὸ ἀγαθὸν δῶρον「よい贈り物」のようにとくに問題はないのですが、形容詞を後ろに置くと、τὸ δῶρον τὸ ἀγαθόν と、形容詞の前にも冠詞が繰り返されます（これらに対して、τὸ δῶρον ἀγαθόν と言うと「その贈り物はよい」となります）。
　また、ラテン語もギリシア語も形容詞を名詞に結びつけることなく、単独で名詞として用いることができます。そしてそのしくみもまた、両言語とも共通しています。とても簡単で、男性で扱えば「〜な人」、中性で扱えば「〜なもの、こと」です。例えば bonus も ἀγαθός も、このまま名詞として使うと「よい人」という意味になりますし、中性にして bonum あるいは ἀγαθόν とすれば「よいこと」「善」といった意味になります（さらにこの中性形を複数にすると「財産」といった意味を持つこともあります）。
　第一・第二変化形容詞は、男性単数主格が代表形で、その横に女性および中性単数の主格形が併記されています。
　ラテン語の第二変化名詞で注意すべきものは単数主格が -us で終わらない puer や ager でした。同じように男性単数主格で -us が現われない形容詞もあります。しかも厄介な ager のようなタイプもあります。

pulcher, -chra, -chrum　美しい

		男	女	中
単数	主	pulcher	pulchra	pulchrum
	呼	pulcher	pulchra	pulchrum
	属	pulchrī	pulchrae	pulchrī
	与	pulchrō	pulchrae	pulchrō
	対	pulchrum	pulchram	pulchrum
	奪	pulchrō	pulchrā	pulchrō
複数	主	pulchrī	pulchrae	pulchra
	呼	pulchrī	pulchrae	pulchra
	属	pulchrōrum	pulchrārum	pulchrōrum
	与	pulchrīs	pulchrīs	pulchrīs
	対	pulchrōs	pulchrās	pulchra
	奪	pulchrīs	pulchrīs	pulchrīs

　agerと同じように、rの直前のeは、代表形である男性単数主格と呼格以外ですべて脱落してしまいます。

　では、形容詞を使って文を作ってみましょう。ラテン語とギリシア語で「美しい馬たちが走っている」と言ってみます。まずはラテン語から見ていきましょう。ラテン語の「美しい」は、いま見た要注意のpulcherです。この形容詞の形は、これが結びつく名詞、つまりこの場合では男性名詞equusの形によって決まります。「馬たちが」とあるので複数主格はequīです。したがってpulcherは男性複数主格形pulchrīを選ぶわけです。「走る」はcurrōという第三活用の動詞がありますので、これをcurruntと、3人称複数にします。例えば次のようになります。

　　　equī pulchrī currunt.

　ギリシア語の方は、ἵππος の複数主格の ἵπποι を主語にして、「美しい」のギリシア語 καλός の男性複数主格形 καλοί を添えます。「走る」は τρέχω で、これをやはり3人称複数にして τρέχουσι(ν) とします。

　　　ἵπποι καλοὶ τρέχουσι(ν).

未完了過去

　未完了過去は、過去を表す時制の一つですが、「書いた」「読んだ」などのように一回の動作を表すのではなく、「書いていた」「読んでいた」のように過去の動作の継続的な状態や、習慣などの反復行為を表すときに用いられます。

		amō (1)	**videō (2)**	**regō (3a)**	**capiō (3b)**	**audiō (4)**
単数	1	amābam	vidēbam	regēbam	capiēbam	audiēbam
	2	amābās	vidēbās	regēbās	capiēbās	audiēbās
	3	amābat	vidēbat	regēbat	capiēbat	audiēbat
複数	1	amābāmus	vidēbāmus	regēbāmus	capiēbāmus	audiēbāmus
	2	amābātis	vidēbātis	regēbātis	capiēbātis	audiēbātis
	3	amābant	vidēbant	regēbant	capiēbant	audiēbant

		παιδεύω
単数	1	ἐπαίδευον
	2	ἐπαίδευες
	3	ἐπαίδευε(ν)
複数	1	ἐπαιδεύομεν
	2	ἐπαιδεύετε
	3	ἐπαίδευον
双数	2	ἐπαιδεύετον
	3	ἐπαιδευέτην

　ラテン語とギリシア語とでは、未完了過去の作り方が違います。ラテン語の方は、基本的には現在幹（ただし3aは語根、3bと4は現在形の1人称単数から語尾-ōをとったもの）と人称語尾の間に -(ē) ba- という要素を挟んでいます。また、1人称単数の語尾は-ōではなくて-mである点も要注意です。

　これに対してギリシア語では、語頭にἐ-という要素が加えられています。これは加音と呼ばれ、子音始まりの動詞と母音始まりの動詞とで少し気をつけなくてはなりません。子音始まりのときは、ῥαίνω「撒く」→ἔρραινονのようにῥ-で始まる場合はρを繰り返します。また母音始まりのときは、ἐ-を加えるのではなく、語頭母音を長くします。例えばὁρίζω「限定する」の未完了過去はὥριζονです。さらに、α-はη-に、αι-とει-はῃ-に、οι-はῳ-になります。ἄγω「導く」はἦγον、εἰκάζω「推察する」はᾔκαζον、οἰκίζω「植民する」はᾤκιζονといった具合です。

　また合成語の動詞では、加音は語頭ではなくて、接頭辞と動詞の間に付きます。ἐγγράφω「書き入れる」はἐν「中に」とγράφω「書く」の合成語なので、その未完了過去はἐνέγραφονとなります。

それでは、「私は手紙を書いていました」をラテン語とギリシア語で言ってみましょう。「手紙」は第2課で見たἐπιστολήを使います。「手紙を」なのでepistulam, ἐπιστολήνと対格にします。「書く」は、ラテン語なら第三活用動詞のscrībō、ギリシア語はγράφωを使うのがよいでしょう。

　　epistulam scrībēbam.　　私は手紙を書いていました。
　　ἐπιστολὴν ἔγραφον.

　この課の冒頭のラテン語とギリシア語は26ページの「美しい馬たちが走っている」を未完了過去形にしたものです。τρέχω「走る」のアクセント位置が、未完了過去では加音のところに移動しています。これはギリシア語の動詞が可能なかぎり語末からアクセント位置を遠ざけようとするためです（23ページ）。

5 未来形、第三変化名詞

agricola bovēs ad stabulum aget.
ὁ γεωργὸς βοῦς πρὸς τὸ βούσταθμον ἄξει.
農夫は牛たちを家畜小屋へと駆り立てるだろう。

ラテン語の未来形

		amō (1)	videō (2)	regō (3a)	capiō (3b)	audiō (4)
単数	1	amābō	vidēbō	regam	capiam	audiam
	2	amābis	vidēbis	regēs	capiēs	audiēs
	3	amābit	vidēbit	reget	capiet	audiet
複数	1	amābimus	vidēbimus	regēmus	capiēmus	audiēmus
	2	amābitis	vidēbitis	regētis	capiētis	audiētis
	3	amābunt	vidēbunt	regent	capient	audient

　ラテン語の未来形は第一・第二活用と第三・第四活用とで作り方が大きく異なるので注意が必要です。第一活用と第二活用は、未来を表す要素が -b-, -bi-, -bu- であるのに対して、第三活用と第四活用では -a-, -e- です。また、前者は1人称単数が現在形や未完了過去のときと同じように -ō ですが、後者は -m が現われます。

　第一活用と第二活用は現在幹を、第三活用（a）は現在幹から幹母音を取ったものを、そして第三活用（b）と第四活用は現在形の1人称単数から -ō を取ったものを、それぞれ用います。

ギリシア語の未来形

　ギリシア語の未来形の作り方はとても簡単です。人称語尾の前に -σ- を加えればよいのです。しかし、-σ- と隣り合う子音によっては、綴り字上あるいは発音上、注意が必要です。

単数	1	παιδεύσω
	2	παιδεύσεις
	3	παιδεύσει
複数	1	παιδεύσομεν
	2	παιδεύσετε
	3	παιδεύσουσι(ν)
双数	2	παιδεύσετον
	3	παιδεύσετον

🏵 注意すべき未来形

(1) β, π, φ に σ が続くと、いずれも ψ となります。

  τρίβω 「擦る」 → τρίψω (τρίβ-σ-ω)
  πέμπω 「送る」 → πέμψω (πέμπ-σ-ω)
  γράφω 「書く」 → γράψω (γράφ-σ-ω)

(2) γ, κ, χ に σ が続くと、いずれも ξ となります。

  λέγω 「言う」 → λέξω (λέγ-σ-ω)
  διώκω 「追う」 → διώξω (διώκ-σ-ω)
  ἄρχω 「支配する」 → ἄρξω (ἄρχ-σ-ω)

(3) δ, τ, θ は σ が続くと脱落します。

  σπεύδω 「努力する」 → σπεύσω
  ἐγκαλύπτω 「覆い隠す」 → ἐγκαλύψω (ἐγκαλύπ-σ-ω)
  πείθω 「説得する」 → πείσω

🏵 未来形の用法

これから起こるであろうことを表します。またその他にラテン語では 2 人称で用いると命令も意味します。

  crās amīcus veniet. 明日友人がやって来るだろう。(veniō, -īre「来る」)
  rosās carpēs. バラの花を摘みなさい。(carpō, -ere「摘む」)

では、ここでギリシア語の未来形の練習をしてみましょう。「知識は快楽をもたらすだろう」をギリシア語にしてみます。「知識」と「快楽」はいずれも第一変化の女性名詞 ἐπιστήμη, -ης と ἡδονή, -ῆς を使います。「もたらす」は φέρω ですが、この動詞の未来形は οἴσω という特別な形を持っています。このように規則的に導くことのできない形については、辞書でかならず見出し語の脇に併記することになっています。φέρω は「耐える」という意味でもよく用いられ、ちなみにラテン語にもまったく同じ意味を持つ ferō という動詞があります（これは不規則動詞で、あとで学ぶことになります）。

  ἡ ἐπιστήμη ἡδονὴν οἴσει. 知識は快楽をもたらすだろう。

次に「指揮官は使者たちを送るだろう」です。「指揮官」と「使者」はいずれも第二変化の男性名詞 στρατηγός, -οῦ と ἄγγελος, ἀγγέλου です。「送る」は上で見た πέμπω を使うことにしましょう。πέμπ- の後に σ が続くので πέμψ- となりますね。

ὁ στρατηγὸς ἀγγέλους πέμψει.　指揮官は使者たちを送るだろう。

最後に「敵たちは森を占拠するだろう」です。「敵」は第二変化の男性名詞 πολέμιος, -ου、「森」は第一変化の女性名詞 ὕλη, -ης を対格形にします。「占拠する」は ἔχω ですが、未来形ではハ行の音をともなった ἑχ- に σ が続き、ἕξ- となります。

οἱ πολέμιοι τὴν ὕλην ἕξουσιν.　敵たちは森を占拠するだろう。

ラテン語の不規則動詞 sum「ある、いる」の現在形、未完了過去形、未来形

		現在形	未完了過去形	未来形
単数	1	sum	eram	erō
	2	es	erās	eris
	3	est	erat	erit
複数	1	sumus	erāmus	erimus
	2	estis	erātis	eritis
	3	sunt	erant	erunt
不定法		esse		

ラテン語の不規則動詞で、「〜がある、いる」「〜である」を意味します。未完了過去形と未来形には、専用の語幹を用います。

　　cōgitō, ergō sum.　　　我考える、ゆえに我あり。
　　procul canicula est.　　遠くに子犬がいる。
　　puella pulchra est.　　少女は美しい。
　　puella pulchra erat.　　美しい少女がいた。
　　crās puer hīc erit.　　明日少年がここにいるだろう。

cōgitō は第一活用の動詞で「考える」、ergō は「従って」です。procul は副詞で「遠くに」、canicula は第一変化の女性名詞で「子犬」です。puella は第一変化名詞で「少女」、pulchra は、ager 型の第一・第二変化形容詞 pulcher, -chra, -chrum。crās と hīc は副詞でそれぞれ「明日」「ここに」、そして puer は 21 ページで見た第二変化名詞です。

　最初の例文は 17 世紀フランスの哲学者デカルト（René Descartes）の有名なことばです。sum だけで「私はいる」という意味になります。「少女は美しい」と「美しい少女がいた」を比べると、まったく語順が同じであることがわかります。基本的に語順が自由なためにこういうことが起こります。ですから文脈を度外視す

ればpuella pulchra estを「美しい少女がいる」と解釈することも、そしてpuella pulchra eratの方を「少女は美しかった」とも解釈できます。

ギリシア語のεἰμί「ある、いる」の現在形と未完了過去形と未来形

		現在形	未完了過去形	未 来
単数	1	εἰμί	ἦν, ἦ	ἔσομαι
	2	εἶ	ἦσθα	ἔσει, ἔσῃ
	3	ἐστί(ν)	ἦν	ἔσται
複数	1	ἐσμέν	ἦμεν	ἐσόμεθα
	2	ἐστέ	ἦστε, ἦτε	ἔσεσθε
	3	εἰσί(ν)	ἦσαν	ἔσονται
双数	2	ἐστόν	ἦστον, ἦτον	ἔσεσθον
	3	ἐστόν	ἤστην, ἤτην	ἔσεσθον
不定法		εἶναι		ἔσεσθαι

εἰμίはこの形から分かるように、今までの動詞とは少し異なる人称語尾を持っている不規則動詞です。そして未来形の語尾はさらに異なっているので、詳しくはあとで扱うことにします。現在形のうち、2人称単数以外は前接辞と呼ばれ、直前の語とつなげて発音されます。このとき、直前の語のアクセント位置と種類によって自身のアクセントを失ったりします。以下の5つの場合があります。

(1) 直前の語の最終音節が曲アクセントのとき、εἰμίはアクセントを失います。
　　Ἀθηνᾶ ἐστιν.　彼女はアテーナーだ。

(2) 直前の語の最終音節が鋭アクセントのときはアクセントを失います。このとき、直前の語の鋭アクセントは保持されます（重アクセントにならない）。
　　οἶνος ἀγαθός ἐστιν.　美味しい葡萄酒がある。

(3) 直前の語の最終音節から2つ目の音節が鋭アクセントのときにかぎり、εἰμίは本来のアクセントを保持します。
　　Σωκράτης* ἐστίν.　彼はソークラテースだ。　*第三変化と呼ばれる名詞

(4) 直前の語の最終音節から3つ目の音節が鋭アクセントのとき、εἰμίの鋭アクセントは直前の語の最終音節に移ります。
　　πλάτανός ἐστιν.　プラタナスの木がある。

(5) 直前の語の終わりから2つ目の音節が曲アクセントのときも、εἰμίの鋭アクセントは直前の語の最終音節に移ります。

δῶρόν ἐστιν.　贈り物がある。

ラテン語とギリシア語の第三変化名詞 (1) ― 子音幹 ―

pēs, pedis *m.*　足

	単数	複数
主・呼	pēs	pedēs
属	pedis	pedum
与	pedī	pedibus
対	pedem	pedēs
奪	pede	pedibus

πούς, ποδός, ὁ　足

	単数	複数	双数
主・呼	πούς	πόδες	πόδε
属	ποδός	ποδῶν	ποδοῖν
与	ποδί	ποσί(ν)	ποδοῖν
対	πόδα	πόδας	πόδε

　両者は同じ語源の単語です。pēs は ped- が語幹で、単数主格形は、第三変化名詞に特徴的な単数主格の語尾 -s が付いて縮約が起きることによって生じました。πούς も同様で、ποδ- が語幹で、単数主格形は *ποδ-ς の変化したものです。第三変化名詞は、このように代表形である単数主格形が、それ以外の格形と異なることが多いので、第一変化名詞や第二変化名詞に比べて辞書で調べるときに見出し語にたどり着きにくいことがしばしばあります。そこで、見出し語の横に併記されている属格の形が、当該の語の変化形を知るうえでとても大切な役割を果たします。どのようなタイプであっても第三変化名詞の単数属格は、何らかのかたちでかならず、ラテン語であれば -is、ギリシア語であれば -ος という語尾です。また、第三変化名詞には男性、女性、中性のすべての性の名詞が含まれていて、語形から性を推測することが多くの場合できません。

　ギリシア語の第三変化名詞はこの πούς のような単音節語の場合、単複いずれも属格と与格のアクセントが最終音節に置かれ、なおかつ複数属格では曲アクセントになります。これに対して2音節以上の第三変化名詞のアクセントは規則通りに決まります。また、複数与格 ποσίν は、*ποδ-σιν に由来します。

　πούς と同じような変化をするものに χάρις, -ιτος「恩恵」という名詞がありますが、注意が必要です。単数主格が -ις または -υς で終わり、かつそこにアクセントがない語の単数対格は -ιν、-υν となります。したがって、χάρις の単数対格は πούς の対格 πόδα から予想される *χάριτα ではなく、χάριν です。

nōmen, -inis *n.*　名前

	単数	複数
主・呼	nōmen	nōmina
属	nōminis	nōminum
与	nōminī	nōminibus
対	nōmen	nōmina
奪	nōmine	nōminibus

ὄνομα, -τος, τό　名前

	単数	複数	双数
主・呼	ὄνομα	ὀνόματα	ὀνόματε
属	ὀνόματος	ὀνομάτων	ὀνομάτοιν
与	ὀνόματι	ὀνόμασιν	
対	ὄνομα	ὀνόματα	ὀνόματε

　両者も同語源の単語です。第三変化に属する子音幹の中性名詞は単数主格・対格形のときに語尾を持たないのが特徴です。

leō, -ōnis *m.*　獅子

	単数	複数
主・呼	leō	leōnēs
属	leōnis	leōnum
与	leōnī	leōnibus
対	leōnem	leōnēs
奪	leōne	leōnibus

λέων, -οντος, ὁ　獅子

	単数	複数	双数
主	λέων	λέοντες	λέοντε
呼	λέον		
属	λέοντος	λεόντων	λεόντοιν
与	λέοντι	λέουσι(ν)	
対	λέοντα	λέοντας	λέοντε

　最初に見たπούς, ποδόςの属格と与格のアクセントなど、ラテン語に比べて、ギリシア語の第三変化名詞の方が注意すべき点がいくつかあります。このλέων, -οντοςもその一つで、単数呼格は、閉鎖音（136ページ）と呼ばれる子音で語幹を作る場合は単数主格と同形と考えてよいのですが、-ιτ, -ιδ, -ιθといった語幹や、単数主格形のときのアクセントが最終音節以外にある -ντ語幹は、基本的にはその語幹が用いられます。このとき、ギリシア語は語末に子音が来る場合、若干の例外を除いて必ずν, ρ, ςのいずれかでなくてはならないので、λέοντの場合、最後のτが落ちてλέονとなるのです。加えて、複数与格λέουσι(ν)は、*λέοντ-σινにおけるσの前のντが脱落し、さらにοがουと延長された結果です。

ラテン語とギリシア語の第三変化名詞 (2) — i 幹と母音幹 —

turris, -is *f.* 塔

	単数	複数
主・呼	turris	turrēs
属	turris	turrium
与	turrī	turribus
対	turrim	turrīs (-ēs)
奪	turrī	turribus

πόλις, -εως, ἡ 都市

	単数	複数	双数
主	πόλις	πόλεις	πόλει
呼	πόλι		
属	πόλεως	πόλεων	πολέοιν
与	πόλει	πόλεσιν	
対	πόλιν	πόλεις	πόλει

ラテン語もギリシア語も語幹と語尾が複雑に融合してしまっているのですが、例えばラテン語とギリシア語のそれぞれの複数属格の語尾 -um, -ων の前に現われる i と ε などが、このタイプの名詞の特徴です。ギリシア語の πόλις の単数および複数属格 πόλεως, πόλεων は「最終音節が長い場合は後ろから3番目の音節に鋭アクセントは来ない」という規則に反しているように見えます。単数属格は元来 πόλη-ος で、アクセント位置を保ったまま η と ο の長短が入れ替わったために生じた形です。複数属格はその類推によります。

mare, -is *n.* 海

	単数	複数
主・呼	mare	maria
属	maris	marium
与	marī	maribus
対	mare	maria
奪	marī	maribus

ἄστυ, -εως, τό 町

	単数	複数	双数
主・呼	ἄστυ	ἄστη	ἄστει
属	ἄστεως	ἄστεων	ἀστέοιν
与	ἄστει	ἄστεσι(ν)	
対	ἄστυ	ἄστη	ἄστει

ἄστυ の複数主格・対格が -α で終わっていませんが、これは本来の語幹 ἄστε- に中性複数主格・対格の語尾 -α が後続したために融合して -η となっているのです（50ページを参照）。また、ἄστυ のタイプは、中性以外では πῆκυς, -εως (ὁ)「腕」があり、単数対格と複数主格・対格がそれぞれ πῆκυν, πήκεις となります。

ラテン語の i 幹の中性名詞は、子音幹のときと異なり単数主格・対格で -e という語尾をとることがあります。animal, -ālis「動物」や exemplar, -āris「見本」など語尾ゼロの中性名詞もあるのですが、-e が脱落して生じた形です。

ラテン語の i 幹名詞は、次の点が特徴です。先に見た子音幹タイプと比べるとその違いがよく分かります。

	i幹	子音幹
男性・女性単数対格	-im	-em
単数奪格	-ī	-e
中性複数主格・対格	-ia	-a
複数属格	-ium	-um
男性・女性複数対格	-īs (-ēs も)	-ēs

　i幹に属すラテン語の第三変化名詞は、前のturris, mareの他に、febris, -is「熱」, puppis, -is「船尾」, secūris, -is「斧」, sitis, -is「渇き」, vīs「力」です。このうちvīsは単数属格と与格を持たず、その他は単数対格vim、奪格vī、複数主格vīrēs、属格vīrium、与格奪格vīribus、対格vīrīs（または-ēs）と変化します。

　ラテン語の母音幹名詞はこのi幹型のみですが、ギリシア語にはいくつか種類があります。

ἰχθύς, -ύος, ὁ 魚

	単数	複数	双数
主	ἰχθύς	ἰχθύες	ἰχθύε
呼	ἰχθύ		
属	ἰχθύος	ἰχθύων	ἰχθύοιν
与	ἰχθύϊ	ἰχθύσι(ν)	
対	ἰχθύν	ἰχθῦς	ἰχθύε

βασιλεύς, -έως, ὁ 王

	単数	複数	双数
主	βασιλεύς	βασιλεῖς, -ῆς	βασιλῆ, -έε
呼	βασιλεῦ		
属	βασιλέως	βασιλέων	βασιλέοιν
与	βασιλεῖ	βασιλεῦσι(ν)	
対	βασιλέᾱ	βασιλέᾱς	βασιλῆ, -έε

βοῦς, -ός, ὁ 牛

	単数	複数	双数
主	βοῦς	βόες	βόε
呼	βοῦ		
属	βοός	βοῶν	βοοῖν
与	βοΐ	βουσί(ν)	
対	βοῦν	βοῦς	βόε

ναῦς, νεώς 船

	単数	複数	双数
主	ναῦς	νῆες	νῆε
呼	ναῦ		
属	νεώς	νεῶν	νεοῖν
与	νηΐ	ναυσί(ν)	
対	ναῦν	ναῦς	νῆε

ラテン語の第三変化名詞（混合幹）

最後にラテン語の混合幹と呼ばれる第三変化名詞を挙げます。ギリシア語にはこのタイプの名詞はありませんが、参考までに語源的に対応する語を並べてみます。

nox, noctis *f.* 夜

	単数	複数
主・呼	nox	noctēs
属	noctis	noctium
与	noctī	noctibus
対	noctem	noctīs (-ēs)
奪	nocte	noctibus

νύξ, -κτός, ἡ 夜

	単数	複数	双数
主・呼	νύξ	νύκτες	νύκτε
属	νυκτός	νυκτῶν	νυκτοῖν
与	νυκτί	νυξί(ν)	
対	νύκτα	νύκτας	νύκτε

νύξは先に挙げたπούςと同じで、複数与格は *νύκτ-σινから生じた形です。noxは、単数は子音幹のように、複数はi幹のように変化します。混合幹に属すのは、単数主格が-isまたは-ēsで終わり、かつ単数主格と属格の音節数が変わらないもの（cīvis, -is「市民」やclādēs, -is「損害」など）、または単数主格に比べて単数属格の音節が一つ増え、単数属格の-isの前に2つ以上子音を持つもの（上記nox, noctisやurbs, -bis「都市」など）です。

注意すべきギリシア語の第三変化名詞

πατήρ, -τρός, ὁ 父

	単数	複数	双数
主	πατήρ	πατέρες	πατέρε
呼	πάτερ		
属	πατρός	πατέρων	πατέροιν
与	πατρί	πατράσι(ν)	
対	πατέρα	πατέρας	πατέρε

ἀνήρ, ἀνδρός, ὁ 男

	単数	複数	双数
主	ἀνήρ	ἄνδρες	ἄνδρε
呼	ἄνερ		
属	ἀνδρός	ἀνδρῶν	ἀνδροῖν
与	ἀνδρί	ἀνδράσι(ν)	
対	ἄνδρα	ἄνδρας	ἄνδρε

πατήρは、単数属格および与格、複数与格でπατρ-、単数主格を除くそれ以外ではπατερ-となる特別な変化をします。他にもμήτηρ「母」、θυγάτηρ「娘」といった親族名詞に見られます。ἀνήρの方は、単数の主格と呼格以外で、νとρの間の母音が落ち、その代わりに子音δが挿入されます。

γένος, -ους, τό　種類、部族

	単数	複数	双数
主・呼	γένος	γένη (< γένε-α)	γένει (< γένε-ε)
属	γένους (< γένε-ος)	γενῶν (< γενέ-ων)	γενοῖν (< γενέ-οιν)
与	γένει (< γένε-ι)	γένεσι (ν) (< γένεσ-σι)	
対	γένος	γένη (< γένε-α)	γένει (< γένε-ε)

γέρας, -ως, τό　褒美

	単数	複数	双数
主・呼	γέρας	γέρᾱ (< γέρα-α)	γέρᾱ (< γέρα-ε)
属	γέρως (< γέρα-ος)	γερῶν (< γεράων)	γερῷν (< γεράοιν)
与	γέραι (< γέρα-ι)	γέρασι (ν) (< γέρασ-σι)	
対	γέρας	γέρᾱ (< γέρα-α)	γέρᾱ (< γέρα-ε)

τριήρης, -ρους, ἡ　三段櫂船

	単数	複数	双数
主	τριήρης	τριήρεις (< -ρε-ες)	τριήρει (< τριήρε-ε)
呼	τριῆρες		
属	τριήρους (< -ρε-ος)	τριήρων (< -ρέ-ων)	τριήροιν (< -ρέ-οιν)
与	τριήρει (< -ρε-ι)	τριήρεσι (ν) (< -ρεσ-σι)	
対	τριήρη (< -ρε-α)	τριήρεις	τριήρει (< ρε-ε)

αἰδώς, -οῦς, ἡ　恥（単数のみ）

	単数
主・呼	αἰδώς
属	αἰδοῦς (< αἰδό-ος)
与	αἰδοῖ (< αἰδό-ι)
対	αἰδῶ (< αἰδό-α)

　これらは -εσ-, -ασ-, -οσ- というタイプの σ 幹名詞で、単数の主格、呼格、そし

て対格以外ではこのσが脱落し、それによって2つの母音が隣り合うことになったために両者が融合しています（τριήρηςの複数属格形のアクセント位置は不規則で、複数対格形は複数主格からの借用）。

では、ここで以下に挙げる日本語を、ラテン語とギリシア語に訳してみます。
「農夫は牛たちを家畜小屋へ駆り立てる」

まずラテン語から始めることにします。「農夫」は第一変化の男性名詞agricola, -ae、「牛」は第三変化名詞のbovis, -is、牛小屋は第二変化の中性名詞stabulum, -īです。そして「〜へ駆り立てる」ですが、「〜へ」は対格の名詞と用いる前置詞ad「〜の方へ」を使えばよいでしょう。「駆り立てる」は第三活用のagō, -ereです。
 agricola bovēs ad stabulum agit.

ギリシア語の「農夫」は第二変化のγεωργός, -οῦ、牛はすでに見たβοῦς, βοός、家畜小屋は第二変化の中性名詞βούσταθμον「牛小屋」を使いましょう。「〜へ」はやはり対格の名詞と用いるπρός、「駆り立てる」はラテン語agōに対応するἄγωです。
 ὁ γεωργὸς βοῦς πρὸς τὸ βούσθατον ἄγει.

次は「老人たちの体験を聞くことは若者たちにとって貴重だ」です。ラテン語で「若者」は第三変化のiuvenis, -is、「老人」もやはり第三変化のsenex, senis、「体験」は第一変化名詞のexperientia, -ae、「聞く」は第四活用のaudiō, -īre、「貴重な」は第一・第二変化形容詞pretiōsus, -a, -umです。
 experientiās senum audīre iuvenibus pretiōsum est.

ではギリシア語ではどのように言ったらよいでしょう。「若者」はνεᾱνίᾱς, -ου、「老人」はγέρων, -οντος、「体験」はἐμπειρία, -ᾱς、「聞く」はἀκούω、「貴重な」は第一・第二変化形容詞τίμιος, -ᾱ, -ονです。
 τὸ τὰς ἐμπειρίᾱς τῶν γερόντων ἀκούειν τοῖς νεᾱνίαις τίμιόν ἐστιν.

形容詞τίμιος, -ᾱ, -ονが鋭アクセントを2つ持っているのは、εἰμίが前接辞であり、かつτίμιοςが最終音節から3つ目に（つまりこの場合は語頭音節に）アクセントがあるために、εἰμίのアクセントが移ったのです（32ページ参照）。

6 完了形とギリシア語のアオリスト

epistulam scrīpsit. / ἐπιστολὴν ἔγραψα.　私は手紙を書いた。

　ラテン語とギリシア語は完了と呼ばれる時制を持っています。過去に起きた出来事の結果が何らかのかたちで現在にも及んでいる場合を表します。日本語で言えば「その本は読んである」という感じでしょうか。ラテン語の方はさらに、過去に起きた一回の行為（例えば「読んである」でもなく「読んでいた」でもなく「読んだ」）も表します。ギリシア語では後者の働きをアオリストという、また別の時制が担っています。

ラテン語の完了形

　これまで見てきた現在形、未完了過去形、未来形は、第一から第四までの活用タイプによって作り方を見極めることができました。しかし完了形の作り方はこの活用に対応していないことが多く、個々に覚えていかなければなりません。そのため、ラテン語の辞書では、代表形の1人称単数能動態現在の横に不定法現在に加えて、完了形の1人称単数をかならず併記しています。例えばamō「愛する」であれば、

　　amō, -āre, -āvī

といった具合です（さらに-āvīのうしろには-ātumと記されています。これはamātumという形なのですが、15課と18課で触れることにします）。amāvīが完了形の1人称単数で、-īがその人称語尾です。videō「見る」ならばvideō, -ēreに加えてvīdīと記されています。vīdīが完了形の1人称単数です。両者の完了形を、以下に活用させてみます。

		amō	videō
単数	1	amāvī	vīdī
単数	2	amāvistī	vīdistī
単数	3	amāvit	vīdit
複数	1	amāvimus	vīdimus
複数	2	amāvistis	vīdistis
複数	3	amāvērunt	vīdērunt
不定法		amāvisse	vīdisse

人称語尾を除いた形を「完了幹」と呼びます。完了幹にはいくつかの種類があります。主なものを挙げます。

(a) **v 完了**

第一活用と第四活用の大部分がこの種類に属します。前述の amō, amāvī の他に、audiō, audīvī「聴く」（第四）、dēleō, dēlēvī「破壊する」（第二）、nōscō, nōvī「知る」（第三）などがあります。

(b) **u 完了**

moneō, monuī「警告する」のように、第二活用の多くがこの種類に属します。sileō, siluī「黙っている」（第二）、pōnō, posuī「置く」（第三）などがあります。

(c) **母音延長完了**

語根の母音を延長します。a → e の母音交代を伴うこともあります。legō, lēgī「拾い集める、読む」や iaciō, iēcī「投げる」など第三活用に多く見られますが、他にも videō, vīdī「見る」（第二）、veniō, vēnī「来る」（第四）などがあります。

(d) **子音重複完了**

語頭の子音を重ねます。そのとき母音 e（あるいは o, u）を添えます。語根の母音が弱化することがあります。currō, cucurrī「走る」、cadō, cecidī「落ちる、倒れる」、caedō, cecīdī「切り落とす、切り倒す」といった第三活用に多く見られます（次のページのギリシア語の完了を参照）。

(e) **s 完了**

人称語尾の前に s を挟みます。regō, rēxī「支配する」、iungō, iunxī (< iung-s-ī)「つなぐ」、scrībō, scrīpsī (< scrīb-s-ī)「書く」など第三活用に多く見られます（43ページのギリシア語のアオリストを参照）。

ラテン語の完了は、過去の行為がなんらかのかたちで現在と結びついていたり、「～したことがある」といった経験を表します。

  nōvī（← nōscō）．　私は知っている。
  mare numquam vīdī（← videō）．　私は海を見たことがない。
   mare「海」：第三変化の中性名詞 mare, -is numquam「決して～ない」「一度も～ない」

さらに、過去の一回の行為や出来事を表します。

 canicula sub mēnsam cucurrit.　子犬が机の下へと走った。
  sub「～の下に」：前置詞で対格の名詞と用いる。

❀ ギリシア語の完了形

		παιδεύω「教育する」	κτίζω「建てる」	διώχω「追う」
単数	1	πεπαίδευκα	ἔκτικα	δεδίωχα
単数	2	πεπαίδευκας	ἔκτικας	δεδίωχας
単数	3	πεπαίδευκε(ν)	ἔκτικε(ν)	δεδίωχε(ν)
複数	1	πεπαιδεύκαμεν	ἐκτίκαμεν	δεδιώχαμεν
複数	2	πεπαιδεύκατε	ἐκτίκατε	δεδιώχατε
複数	3	πεπαιδεύκᾱσι(ν)	ἐκτίκᾱσι(ν)	δεδιώχᾱσι(ν)
双数	2	πεπαιδεύκατον	ἐκτίκατον	δεδιώχατον
双数	3	πεπαιδεύκατον	ἐκτίκατον	δεδιώχατον
不定法		πεπαιδευκέναι	ἐκτικέναι	δεδιωχέναι

　ギリシア語の完了形もまた、専用の語幹を持ち、一つ一つ覚える必要があります。なお不定法のアクセント位置は不規則です。ギリシア語の完了は語幹の子音をくり返す「畳音」を行なうのが特徴です。畳音には2つのやり方があります。

(1) **ρ 以外の一つの子音、あるいは「閉鎖音＋流音」で始まる語は「語頭子音＋ε」を語頭に加える。**

　παιδεύω「教育する」→ πεπαίδευκα がその例です。このとき、θύω「犠牲を捧げる」といった帯気音の場合は、τέθυκα のように無気音になります（閉鎖音、流音、帯気音については巻末136ページ参照）。

(2) **未完了過去形で見た加音と同じ。**

　つまり ρ、二重子音（「閉鎖音＋流音」と鼻音を除く）では、語頭に ε を加えます。κτίζω「建てる」→ ἔκτικα がその例です。ῥίπτω「投げる」のように ῥ- で始まる場合は ἔρρῑφα のように ρ を重複させます。また、母音始まりの場合は、οἰκέω「住む」→ ᾤκηκα のようにその母音を延長します（27ページの未完了過去の加音のしくみを参照）。

左ページの表には1人称単数が-καで終わるものと、単に-αで終わるものとがあり、それぞれ「第一完了」、「第二完了」と呼びます。閉鎖音を語幹に持つ動詞の多くが第二完了の形を用い、διώκω「追う」→ δεδίωχαのようにその閉鎖音が帯気音となることが多いのが特徴です。

　また、「α, ε, ο ＋ひとつの子音」で始まる動詞の一部には、アッティカ式畳音と呼ばれる、最初の母音と子音を繰り返すタイプの畳音があります。このとき、ἀκούω「聞く」→ ἀκ-ήκο-αのように2番目の音節の母音は長くなります。

　ギリシア語の完了は、過去に行なわれた行為の結果が現在にも及んでいることを表します。例えば、πίπτω「倒れる」という動詞を3人称単数の完了形で用いて、

　　　τὸ δένδρον πέπτωκεν.

と言うと、木は今もなお倒れた状態であることになります。今度はτίκτω「生む」を1人称単数の完了形にして、

　　　τέτοκα.

とすると「生んである」つまり「私には子供がいる」という意味になります。

　では、過去の行為が現在に及ばないようにしたいときはどうすればよいでしょうか。

ギリシア語のアオリスト

παιδεύω「教育する」、γράφω「書く」、φιλέω「愛する」、μένω「留まる」

単数	1	ἐπαίδευσα	ἔγραψα	ἐφίλησα	ἔμεινα
	2	ἐπαίδευσας	ἔγραψας	ἐφίλησας	ἔμεινας
	3	ἐπαίδευσε (ν)	ἔγραψε (ν)	ἐφίλησε (ν)	ἔμεινε (ν)
複数	1	ἐπαιδεύσαμεν	ἐγράψαμεν	ἐφιλήσαμεν	ἐμείναμεν
	2	ἐπαιδεύσατε	ἐγράψατε	ἐφιλήσατε	ἐμείνατε
	3	ἐπαίδευσαν	ἔγραψαν	ἐφίλησαν	ἔμειναν
双数	2	ἐπαιδεύσατον	ἐγράψατον	ἐφιλήσατον	ἐμείνατον
	3	ἐπαιδευσάτην	ἐγραψάτην	ἐφιλησάτην	ἐμεινάτην
不定法		παιδεῦσαι	γράψαι	φιλῆσαι	μεῖναι

加音をとること、語幹に -σ- という要素を添えることがアオリストの特徴です。ちなみにラテン語の完了幹を作るさいに見られる scrībō → scrīp-s-ī の -s- はこの -σ- です。

　γράφω「書く」→ ἔγραφα のように、閉鎖音幹に -σ- が添えられると未来形のときと同じ音韻変化が起こります。また、φιλέω「愛する」→ ἐφίλησα のように、短母音で終わる動詞幹（8 課参照）の場合は -σ- の前の母音が長くなります。これは現在形と未来形以外の時制にも生じることで、例えば未来形は φιλήσω となります。そして、μένω「留まる」→ ἔμεινα のように、流音（λ, ρ）、あるいは鼻音（μ, ν）で終わる動詞幹のときは、後続する -σ- が脱落し、その代わりに先行する母音が長くなります。いずれにしても母音延長が生じるときは、α は ε, ι, ρ に後続するときは ᾱ に、それ以外の後では η になります。この他、ε は ει に、ι と υ はそれぞれ ῑ と ῡ になります。例えば τίμάω「尊敬する」と θηράω「狩りをする」のアオリストはそれぞれ ἐτίμησα, ἐθήρᾱσα となりますし、前ページの μένω のアオリストは *ἐ-μέν-σ-α で -σ- が脱落し、さらに母音 ε が ει になった結果です。不定法の語尾は -αι で、加音されません。アクセントは常に後ろから 2 番目の音節に来ます。

λείπω　残す

単数	1	ἔλιπον
	2	ἔλιπες
	3	ἔλιπε(ν)
複数	1	ἐλίπομεν
	2	ἐλίπετε
	3	ἔλιπον
双数	2	ἐλίπετον
	3	ἐλιπέτην
不定法		λιπεῖν

　このように、加音とともに、未完了過去と同じ語尾をとるアオリストもあります。これを第二アオリストと呼びます。第二アオリストを作る動詞語幹は、規則的に導くことができないので一つ一つ覚える必要があります。

　アオリストは、未完了過去や完了とは異なり、過去において行為が一度なされたことを表現する時制です。例えば πίπτω「倒れる」のアオリストを使って、

τὸ δένδρον ἔπεσεν.

と言えば、「木は倒れた」ということだけであり、その結果どうなっているかを含意することはありません。

また、ラテン語の完了とギリシア語のアオリストは、格言など普遍的真理を表すときにも用いられます。

 hominēs lībertātem semper quaesīvērunt.
 οἱ ἄνθρωποι τὴν ἐλευθερίαν ἀεὶ ἐζήτησαν.
 人間はいつも自由を追い求めるものである。
  hominēs：第三変化名詞 homō, -inis「人間」の複数主格
  lībertātem：第三変化名詞 lībertās, -ātis「自由」の単数対格
  semper「常に」
  quaesīvērunt：第三活用動詞 quaerō, -ĕre, -īvī「求める」3人称複数完了形
  ἄνθρωποι：第二変化名詞 ἄνθρωπος「人間」の複数主格
  ἐλευθερίαν：第一変化名詞 ἐλευθερία, -ᾱς の単数対格
  ἀεί「常に」
  ἐζήτησαν：動詞 ζητέω「求める」の3人称複数アオリスト

7 第三変化形容詞

omnia fluunt. / πάντα ῥεῖ.　万物は流転する。

　ラテン語もギリシア語も第三変化と呼ばれる形容詞があります。第一・第二変化形容詞を学んだ皆さんなら、これがどのような変化をする形容詞であるか容易に想像できるでしょう。第三変化名詞の変化語尾を持つ形容詞です。

❧ラテン語の第三変化形容詞

　ラテン語の第三変化形容詞は、大きく分けて以下の3つのタイプに分かれます。

単数主格が
- (1) 3つの性で異なる
- (2) 男性・女性と中性とで異なる
- (3) 3つの性で共通

ācer, -cris, -cre　鋭い

		男	女	中
単数	主・呼	ācer	ācris	ācre
	属	ācris		
	与	ācrī		
	対	ācrem		ācre
	奪	ācrī		
複数	主・呼	ācrēs		ācria
	属	ācrium		
	与	ācribus		
	対	ācrēs (-īs)		ācria
	奪	ācribus		

omnis, -e　全ての

		男・女	中
単数	主・呼	omnis	omne
	属	omnis	
	与	omnī	
	対	omnem	omne
	奪	omnī	
複数	主・呼	omnēs	omnia
	属	omnium	
	与	omnibus	
	対	omnīs /-ēs	omnia
	奪	omnibus	

sapiēns, -entis　賢い

		男・女	中
単数	主・呼	sapiēns	
	属	sapientis	
	与	sapientī	
	対	sapientem	sapiēns
	奪	sapientī	
複数	主・呼	sapientēs	sapientia
	属	sapientium	
	与	sapientibus	
	対	sapientīs /-ēs	sapientia
	奪	sapientibus	

　このうち、単数主格が3つの性で異なるのは、-erで終わる男性主格形を持つものです。第三変化形容詞の多くがi幹に属しますが、sapiēnsのように単数主格・呼格が3つの性共通のものは以下に挙げる子音幹から生じたものです。

vetus, -teris 古い

		男・女	中
単数	主・呼	vetus	
	属	veteris	
	与	veterī	
	対	veterem	vetus
	奪	vetere	
複数	主・呼	veterēs	vetera
	属	veterum	
	与	veteribus	
	対	veterēs	vetera
	奪	veteribus	

　第三変化形容詞も男性単数主格が代表形です。単数主格が3つの性で異なるものについては、女性および中性単数主格形がそれぞれ併記されます。男女が共通であれば、中性単数主格形が、子音幹およびそれに由来するものであれば、単数属格形が、それぞれ添えられます。前ページの変化表の冒頭にそれぞれ記しているので、参考にしてください。

　第三変化は名詞でも形容詞でも、-isで終わる単数属格形から、代表形以外の残りの形を割り出すことができます。従って、ācerの場合は女性単数主格が、omnisは代表形がそのまま単数属格形を兼ねています。sapiēnsはそうした兼用の形がないので、単数属格形そのものを併記しています。

❦ ギリシア語の第三変化形容詞

　ギリシア語の第三変化形容詞も、ラテン語と同様に単数属格が、単数主格以外の形を導く重要な役割を果たしていますので、単語を調べるときはこの単数属格形も確認することが大切です。

εὐδαίμων 幸福な

		男・女	中
単数	主	εὐδαίμων	εὔδαιμον
	呼	εὔδαιμον	εὔδαιμον
	属	εὐδαίμονος	
	与	εὐδαίμονι	
	対	εὐδαίμονα	εὔδαιμον
複数	主・呼	εὐδαίμονες	εὐδαίμονα
	属	εὐδαιμόνων	
	与	εὐδαίμοσι(ν)	
	対	εὐδαίμονας	εὐδαίμονα
双数	主・呼	εὐδαίμονε	
	属・与	εὐδαιμόνοιν	
	対	εὐδαίμονε	

ἄχαρις 忘恩の

		男・女	中
単数	主	ἄχαρις	ἄχαρι
	呼	ἄχαρι	ἄχαρι
	属	ἀχάριτος	
	与	ἀχάριτι	
	対	ἄχαριν	ἄχάρι
複数	主・呼	ἀχάριτες	ἀχάριτα
	属	ἀχαρίτων	
	与	ἀχάρισι(ν)	
	対	ἀχάριτας	ἀχάριτα
双数	主・呼	ἀχάριτε	
	属・与	ἀχαρίτοιν	
	対	ἀχάριτε	

ἄχαριςについては、男性・女性は5課で見た名詞χάρις, -ιτος「恩恵」(33ページ)のように、中性は同じくὄνομα, -τος「名前」のように変化します。男性および女性は*ἀχάριταでなく、ἄχαρινであることに注意してください。ちなみにギリシア語の接頭辞ἀ-は否定を表します。従ってἄχαριςは「χάριςのない」という意味なのです。

❦ギリシア語の第一・第三変化形容詞

　ギリシア語には、第一・第二変化形容詞に加えて、第一・第三変化形容詞もあります。男性と中性は第三変化、女性は第一変化というものです。

χαρίεις　優美な

		男	女	中
単数	主	χαρίεις	χαρίεσσα	χαρίεν
	呼	χαρίεις, -εν		
	属	χαρίεντος	χαριέσσης	χαρίεντος
	与	χαρίεντι	χαριέσσῃ	χαρίεντι
	対	χαρίεντα	χαρίεσσαν	χαρίεν
複数	主・呼	χαρίεντες	χαρίεσσαι	χαρίεντα
	属	χαριέντων	χαριεσσῶν	χαριέντων
	与	χαρίεσι(ν)	χαριέσσαις	χαρίεσι(ν)
	対	χαρίεντας	χαριέσσᾱς	χαρίεντα
双数	主・呼	χαρίεντε	χαριέσσᾱ	χαρίεντε
	属・与	χαριέντοιν	χαριέσσαιν	χαριέντοιν
	対	χαρίεντε	χαριέσσᾱ	χαρίεντε

　この形容詞は男性と中性はντが語幹なので、大まかに言えば5課で見たλέων, -οντος「獅子」のように曲用させればよいわけです。女性形は名詞θάλαττα「海」のように曲用する第一変化です。男性単数主格形χαρίειςは、χαριεντ-ςのντが脱落し、εがειになって生じたものです。女性形と男性および中性複数与格形については、χαριετ-という語幹を設定することができます。

πᾶς　全ての

		男	女	中
単数	主・呼	πᾶς	πᾶσα	πᾶν
	属	παντός	πάσης	παντός
	与	παντί	πάσῃ	παντί
	対	πάντα	πᾶσαν	πᾶν
複数	主・呼	πάντες	πᾶσαι	πάντα
	属	πάντων	πᾶσῶν	πάντων
	与	πᾶσι(ν)	πάσαις	πᾶσι(ν)
	対	πάντας	πάσᾱς	πάντα

　男性単数主格形πᾶςはπαντ-ςのντが脱落し、その代わりにαが長くなって生じたものです。女性単数主格形πᾶσαはπαντ-ιαに由来します。中性単数主格・対格πᾶνの母音が長いこと、男性および中性複数属格と同与格πάντωνとπᾶσιのアクセント位置が不規則である点に注意してください。また、双数の形を持ちません。

　この課の標題にあるラテン語とギリシア語は、第三変化形容詞 omnis, -e、そして第一・第三変化形容詞πᾶς, πᾶσα, πᾶνを使ったものです。それぞれ中性複数主格で、単独で名詞として用いられています。fluuntは第三活用のfluō, -ere「流れる」、ῥεῖはῥέω「流れる」の3人称単数現在形です。紀元前6世紀の古代ギリシアの哲学者Ἡράκλειτοςによる言葉として知られています。

8 ギリシア語の約音動詞

δῶμα θεῶν ἑκάστῳ ἐποίησα.
私はそれぞれの神のために社を作った。

　今回はギリシア語に限った話です。ギリシア語は母音の連続を嫌うという特徴があります。短母音＋短母音、短母音＋長母音、短母音＋二重母音のような連続が生じると、一つの長母音ないしは二重母音への約音が起こります。動詞語幹-α,-ε, -ο に幹母音-ε または -ο が後続するときにはこの約音が生じます（-ι または -υ のときは生じません）。以下に約音の規則をまとめておきます。

		後続母音									
		α	ε	η	ι	ο	υ	ω	αι	ει	ῃ	οι	ου
先行母音	α	ᾱ	ᾱ	ᾱ	αι	ω	αυ	ω	αι	ᾳ	ᾳ	ῳ	ω
	ε	η	ει	η	ει	ου	ευ	ω	ῃ	ει	ῃ	οι	ου
	ο	ω	ου	ω	οι	ου	ου	ω	αι	οι/ου	ῳ/ῃ	οι	ου

　約音は、語幹に幹母音が後続する現在形と未完了過去形で生じます。約音が生じるさい、先行母音がアクセントを持つ場合には、約音によって生じる長母音あるいは二重母音は曲アクセントとなります（ποιέω → ποιῶ）。逆に後続母音にアクセントがあれば、鋭アクセントとなります（ποιεόμεθα → ποιούμεθα、中・受動、15課参照）。

約音動詞の能動態の現在形

現在形		τῑμάω「尊敬する」	ποιέω「行なう、作る」	δηλόω「示す」
単数	1	(τῑμάω) τῑμῶ	(ποιέω) ποιῶ	(δηλόω) δηλῶ
	2	(τῑμάεις) τῑμᾷς	(ποιέεις) ποιεῖς	(δηλόεις) δηλοῖς
	3	(τῑμάει) τῑμᾷ	(ποιέει) ποιεῖ	(δηλόει) δηλοῖ
複数	1	(τῑμάομεν) τῑμῶμεν	(ποιέομεν) ποιοῦμεν	(δηλόομεν) δηλοῦμεν
	2	(τῑμάετε) τῑμᾶτε	(ποιέετε) ποιεῖτε	(δηλόετε) δηλοῦτε
	3	(τῑμάουσι) τῑμῶσι(ν)	(ποιέουσι) ποιοῦσι(ν)	(δηλόουσι) δηλοῦσι(ν)
双数	2	(τῑμάετον) τῑμᾶτον	(ποιέετον) ποιεῖτον	(δηλόετον) δηλοῦτον
	3	(τῑμάετον) τῑμᾶτον	(ποιέετον) ποιεῖτον	(δηλόετον) δηλοῦτον
不定法		(τῑμάειν) τῑμᾶν	(ποιέειν) ποιεῖν	(δηλόειν) δηλοῦν

未完了過去形

単数	1	(ἐτίμαον) ἐτίμων	(ἐποίεον) ἐποίουν	(ἐδήλοον) ἐδήλουν
	2	(ἐτίμαες) ἐτίμᾱς	(ἐποίεες) ἐποίεις	(ἐδήλόες) ἐδήλους
	3	(ἐτίμαε) ἐτίμᾱ	(ἐποίεε) ἐποίει	(ἐδήλοε) ἐδήλου
複数	1	(ἐτῑμάομεν) ἐτῑμῶμεν	(ἐποιέομεν) ἐποιοῦμεν	(ἐδηλόομεν) ἐδηλοῦμεν
	2	(ἐτῑμάετε) ἐτῑμᾶτε	(ἐποιέετε) ἐποιεῖτε	(ἐδηλόετε) ἐδηλοῦτε
	3	(ἐτίμαον) ἐτίμων	(ἐποίεον) ἐποίουν	(ἐδήλοον) ἐδήλουν
双数	2	(ἐτῑμάετον) ἐτῑμᾶτον	(ἐποιέετον) ἐποιεῖτον	(ἐδηλόετον) ἐδηλοῦτον
	3	(ἐτῑμαέτην) ἐτῑμάτην	(ἐποιεέτην) ἐποιείτην	(ἐδηλοέτην) ἐδηλούτην

辞書の見出し語には、約音が起こる前の1人称単数現在形の能動態が用いられます。

この課の冒頭にあるギリシア語は、第三変化の中性名詞δῶμα「家、社」の単数対格、第二変化名詞θεός, -ου「神」。ἑκάστῳがἕκαστος, -ον「各人（の）」の男性単数与格です。字義通りには「神々のそれぞれに」という言い方です。

ところで、この約音は動詞だけでなく、名詞や形容詞でも生じます。第一変化および第二変化名詞のσῡκῆ「いちじくの木」とνοῦς「心」は、本来それぞれσῡκέ- とνόο-が語幹で、これに-ᾱと-οςが後続したために約音が生じた形です。また、第一・第二変化形容詞χρῡσοῦς, -ῆ, -οῦν「黄金の」もまた、χρῡσε-という語幹に語尾-ος, -ᾱ, -ονが付いて約音が生じたものです。第一および第二変化では類推もしばしばはたらき、例えばὀστέ-を語幹とする中性名詞ὀστοῦν「骨」の複数主格・対格は上記規則から導かれるはずの*ὀστῆ (*ὀστέ-α) ではなく、ὀστᾶが現われます。

9 過去完了と未来完了

tunc epistulam scrīpseram. / τότε ἐπιστολὴν ἐγεγράφη.
そのとき私は手紙を書いてしまっていた。

　ラテン語にもギリシア語にも、過去のある時点ですでに起こっていたことを表す時制があり、「過去完了」と呼ばれます。例えば「私が家に戻ったとき、兄はすでに出発してしまっていた」というときの「出発してしまっていた」の部分に用いられます。また、未来のある時点ですでに起こっているであろうことを表す時制もあり、こちらは「未来完了」と呼ばれます。例えば「私が家に戻るころには、兄はすでに出発してしまっているだろう」というときの「出発してしまっているだろう」がそれにあたります。

過去完了

ラテン語amō「愛する」、ギリシア語παιδεύω「教育する」、ἄγω「導く」の過去完了

単数	1	amāveram
	2	amāverās
	3	amāverat
複数	1	amāverāmus
	2	amāverātis
	3	amāverant

単数	1	ἐπεπαιδεύκη	ἤχη
	2	ἐπεπαιδεύκης	ἤχης
	3	ἐπεπαιδεύκει(ν)	ἤχει(ν)
複数	1	ἐπεπαιδεύκεμεν	ἤχεμεν
	2	ἐπεπαιδεύκετε	ἤχετε
	3	ἐπεπαιδεύκεσαν	ἤχεσαν
双数	2	ἐπεπαιδεύκετον	ἤχετον
	3	ἐπεπαιδευκέτην	ἠχέτην

　ラテン語もギリシア語も過去完了の作り方はとても簡単です。まずラテン語ですが、「完了幹＋sumの未完了過去（31ページ）」と覚えるとよいでしょう。完了幹とは、6課で見た、完了形を作るときの専用の語幹です。
　ギリシア語もやはり完了幹を使いますが、そのとき、子音で始まっている場合はさらに加音します。παιδεύωの過去完了がその例です。それに対して母音始まりの場合はそのままです。ἄγωの過去完了がその例です（α→ηについては27ページ参照）。また、ἐπεπαιδεύκηのように -κ- の付いた形を用いるものを第一過去完了、-κ- を持たないものを第二過去完了と呼びます。

ラテン語の未来完了

単数	1	amāverō
	2	amāveris
	3	amāverit
複数	1	amāverimus
	2	amāveritis
	3	amāverint

　ラテン語の未来完了も作り方はとても簡単です。少し大雑把ですが、「完了幹＋sumの未来形」と覚えてよいと思いますが、ただしひとつだけ注意すべき点があります。sumの未来形の3人称複数はeruntでしたが、ここでは-erintとなります。

　ギリシア語の未来完了は中動態にしかありません（70ページ参照）。

10 前置詞

in vīnō veritās. / ἐν οἴνῳ ἀλήθεια. 葡萄酒の中に真実。

　ラテン語にもギリシア語にも、名詞の格が持つはたらきを補強する手段として前置詞が用いられます。今回はそのしくみを見ていきましょう。

ラテン語の前置詞

　ラテン語の前置詞には、(1)対格の名詞句を要求するもの、(2)奪格の名詞句を要求するもの、(3)対格と奪格の両方の名詞句を要求するもの、の3種類があります。

(1) 対格の名詞句と用いられる前置詞

ad	〜へ、〜のそばに、およそ	ante	〜の前に
apud	〜の許に	inter	〜の間に
ob	〜の前に、〜のために	per	〜を通って、〜を通じて
post	〜の後ろに、〜のあとに	prope	〜の近くに
propter	〜のために	trāns	〜を越えて

　このうち、obの「〜のために」は利益や理由を、propterの「〜のために」は理由や目的を表します。

(2) 奪格の名詞句と用いられる前置詞

ā	〜から	cum	〜と一緒に、〜を伴って
dē	〜から（下へ）、〜について	ex	〜から（外へ）
prae	〜の前に、〜のために	prō	〜の前に、〜のために
sine	〜なしに		

　このうち、āは母音やhで始まる語の前ではabが、tで始まる語の前では時にabsが用いられます。exは、子音始まりの語が後続するときはēが用いられます。praeとprōの「〜のために」は、それぞれ理由、利益を表します。

(3) 対格と奪格のいずれの名詞とも用いられる前置詞

in	〜の中へ、〜の中で	sub	〜の下へ、〜の下で
super	〜の上へ、〜を越えて、〜の上で		

これら 3 つの前置詞は、対格の名詞句でも奪格の名詞句でも従えることができるのですが、どちらを使ってもよいということではありません。「〜の中に（向かって）」のように動きがある場合には対格、「〜の中で」のように動きがない場合には奪格を取ります。ですから、例えば「犬が庭へと走る」のであれば、
　　　canis in *hortum* currit.

と hortus「庭」の対格形が用いられ、これに対して「犬が庭にいる」のであれば、
　　　canis in *hortō* est.

と、奪格形が用いられます。これは sub, super についても同様です。canis は第三変化名詞 canis, -is の単数主格、currit は第三活用動詞 currō, -ere の 3 人称単数現在形です。

❦ ギリシア語の前置詞

　ギリシア語の前置詞には、(1)属格の名詞句を要求するもの、(2)与格の名詞句を要求するもの、(3)対格の名詞句を要求するもの、(4)属格と対格の名詞句を要求するもの、(5)属格、与格、対格のいずれも要求するもの、があります。少し複雑に見えますが、大まかには「〜から」を表すような前置詞は属格が、「〜で」のように動きのない場所の指示であれば与格が、「〜へ」のような動きの到達点であれば対格が用いられると考えてよいでしょう。

(1) 属格の名詞句と用いられる前置詞
　　　ἀντί　　〜の代わりに　　　ἀπό　　〜から
　　　ἐκ　　　〜から（外へ）　　πρό　　〜の前に

　このうち ἐκ については、後続する名詞句が母音で始まる場合には ἐξ が用いられます。

(2) 与格の名詞句と用いられる前置詞
　　　ἐν　　　〜の中で　　　　　σύν　　〜と共に

(3) 対格の名詞句と用いられる前置詞
　　　ἀνά　　〜を上って　　　　εἰς (ἐς)　〜の中へ

(4) 属格と対格の名詞句と用いられる前置詞

	属　格	対　格
διά	〜を通って、	〜のために（理由）
κατά	〜から（下へ）、	〜に対して、〜に従って
μετά	〜と共に	〜の後に
ὑπέρ	〜の上に、〜のために	〜を越えて

(5) 属格、与格、対格の3つと用いられる前置詞

	属　格	与　格	対　格
ἀμφί	〜について	〜について	〜の周りに、〜の傍らに
ἐπί	〜の上に、〜の時に	〜の上で	〜の上へ
παρά	〜から	〜で	〜へ、〜に沿って
περί	〜について	〜のまわりで	〜のまわりに
πρός	〜から	〜で	〜へ、〜に対して
ὑπό	〜の下から、〜によって	〜の下で	〜の下へ

　さきほどのラテン語と同じように「犬が庭へと走る」「犬が庭にいる」とギリシア語で言ってみます。「犬」は第三変化名詞 κύων, κυνός(ὁ)、「庭」は第二変化名詞 κῆτος, -ου(ὁ)、「走る」は τρέχω です。

　　κύων εἰς τὸν κῆτον τρέχει.　　犬が庭へと走る。
　　κύων ἐν τῷ κήτῳ ἐστίν.　　　犬が庭にいる。

　また、前置詞が特定の格の名詞句を従えるとき、「支配する」という言い方をします。例えば「前置詞 apud は対格の名詞を支配する」といった具合です。
　ラテン語とギリシア語には共通の言語的な先祖があって、その時代には、手段を表す具格、場所を表す処格がありました。時代が下るにつれ、ラテン語ではこの2つの格が分離を表す本来の奪格に合流し、ギリシア語では、奪格が属格によって、具格と処格が与格によってそれぞれ表されるようになりました。こうした経緯から、例えばラテン語の前置詞 cum やギリシア語の前置詞 σύν が、それぞれ奪格と与格の名詞句を支配し、そしてギリシア語の前置詞 ἐκ は属格の名詞句と用いられるのです。

11 人称代名詞、強意代名詞、所有形容詞

et tū, Brūte. / καὶ σύ, τέκνον.
ブルートゥスよ、お前もか。/ 子供よ、お前もか。

ここでは、ラテン語とギリシア語の2つの代名詞と「私の」「君の」などを表す所有形容詞を学びます。

ラテン語とギリシア語の人称代名詞

		1人称	2人称	3人称
単数	主	ego	tū	
	属	meī	tuī	suī
	与	mihi	tibi	sibi
	対	mē	tē	sē
	奪	mē	tē	sē
複数	主	nōs	vōs	
	属	nostrī, -trum	vestrī, -trum	suī
	与	nōbīs	vōbīs	sibi
	対	nōs	vōs	sē
	奪	nōbīs	vōbīs	sē
双数	主			
	属・与			
	対			

1人称	2人称	3人称
ἐγώ	σύ	
ἐμοῦ, μου	σοῦ, σου	οὗ
ἐμοί, μοι	σοί, σοι	οἷ
ἐμέ, με	σέ, σε	ἕ
ἡμεῖς	ὑμεῖς	σφεῖς
ἡμῶν	ὑμῶν	σφῶν
ἡμῖν	ὑμῖν	σφίσι(ν)
ἡμᾶς	ὑμᾶς	σφᾶς
νώ	σφώ	
νῷν	σφῷν	
νώ	σφώ	

特に1人称単数のego, ἐγώを始め、形がよく似ているものがいくつもあります。これらのうち、主格形については、もともと動詞の人称語尾で主語が分かるため、「私こそが」や「私の方としては」のように主語の代名詞を強調したいときや、何かと対比させたいとき以外は現われることがありません。

ラテン語の方の属格は、いわゆる所有「〜の」の意味で用いられることはありません。単数と-īで終わる複数は、属格を支配する（つまり属格の名詞句を必要とする）動詞や形容詞と用いられます。例えば、日本語ならば「私はあなたのこと"を"覚えている」わけですが、ラテン語では記憶に関する動詞や形容詞は属格を支配します。したがってこの日本語をラテン語で言う場合は、tuī meminī. あるいは形容詞を使えば、tuī memor sum. となります。そしてラテン語の1人称と2人称の複数属格には、この-īで終わるnostrīとvestrīの他に、nostrumと

vestrum という形があります。これらは「～のうちで」という「部分」を表すときに用いられます。以下のような例です。

　　quis vestrum meī meminit ?
　　あなたたちのうちの誰が（= quis）私のことを覚えていますか？

　また、ラテン語の 3 人称の代名詞は単数・複数同形です。加えて重要なことが一つあります。この 3 人称の代名詞は「主語と同一人物」を表します。例えば、Pūblius sē videt. というとき、プーブリウスは、ほかの誰かを見ているという意味ではなくて、何かに自分の姿を映して見ているのです。これを「再帰」と言い、いろいろな場面で顔を出すとても重要な概念です。「非再帰」、つまり「プーブリウスは（本人とは別の）彼を見ている」という場合はどう言ったらよいかについては後述します。

　ギリシア語の人称代名詞の方は、μου, μοι, με, σου, σοι, σε, οὑ, ἑ はいずれも「前接辞」で（32 ページ）、通常はこちらが現われますが、なんらかのかたちで強調したいときにはアクセントを持つ方が用いられます。例えば σὲ φιλῶ と言うと「私はあなたが好きだ」というよりも「私が好きなのは（他ならぬ）あなたなのだ」を意味します。強調される場合はアクセントを持ちます。また、3 人称の代名詞には、後に学ぶ指示代名詞 οὗτος や ἐκεῖνος、そして強意代名詞 αὐτός の斜格（主格・呼格以外の形）が用いられることの方が多いです。

ラテン語とギリシア語の強意代名詞

		男	女	中
単数	主	ipse	ipsa	ipsum
	属	ipsīus		
	与	ipsī		
	対	ipsum	ipsam	ipsum
	奪	ipsō	ipsā	ipsō
複数	主	ipsī	ipsae	ipsa
	属	ipsōrum	ipsārum	ipsōrum
	与	ipsīs		
	対	ipsōs	ipsās	ipsa
	奪	ipsīs		

男	女	中
αὐτός	αὐτή	αὐτό
αὐτοῦ	αὐτῆς	αὐτοῦ
αὐτῷ	αὐτῇ	αὐτῷ
αὐτόν	αὐτήν	αὐτό
αὐτοί	αὐταί	αὐτά
αὐτῶν		
αὐτοῖς	αὐταῖς	αὐτοῖς
αὐτούς	αὐτάς	αὐτά
αὐτώ	αὐτά	αὐτώ
αὐτοῖν	αὐταῖν	αὐτοῖν
αὐτώ	αὐτά	αὐτώ

（双数：主／属・与／対）

ラテン語の方は、男性単数主格と単数属格と単数与格以外は第一・第二変化です。単数属格と単数与格で現われる語尾 -īus と -ī は、ラテン語のこの他の代名詞にも見られる特徴的な形です。ギリシア語の方も第一・第二変化です。
　これらはいずれも、名詞や代名詞と用いられ、「〜自身」を表します。

　　ego ipse, ἐγὼ αὐτός　　私自身

　αὐτόςについては、定冠詞を伴う名詞と用いられる場合、いわゆる「述語的位置」、例えば ὁ πατὴρ αὐτός や αὐτὸς ὁ πατήρ といった語順ならば「父親自身が」ですが、定冠詞と名詞の間に置かれると、つまり ὁ αὐτὸς πατήρ となると今度は「同じ」を表します。「同じ父親が」となります。また、このほかに、3人称の非再帰の代名詞としても用いられます。

ラテン語の非再帰3人称の代名詞

		男	女	中
単数	主	is	ea	id
	属	ēius		
	与	eī		
	対	eum	eam	id
	奪	eō	eā	eō
複数	主	eī (iī)	eae	ea
	属	eōrum	eārum	eōrum
	与	eīs (iīs)		
	対	eōs	eās	ea
	奪	eīs (iīs)		

　これは本来、「それ」「その」を表す指示代名詞なのですが、非再帰の3人称の人称代名詞としてもしばしば用いられます。

　　Pūblius fīlium vīcīnī vīdit et eum vocāvit.
　　プーブリウスは隣人の息子を見た。そして彼(プーブリウス)は彼(隣人の息子)を呼んだ。

ギリシア語の再帰代名詞

		1人称		2人称		3人称		
		男性	女性	男性	女性	男性	女性	中性
単数	属	ἐμαυτοῦ	ἐμαυτῆς	σεαυτοῦ	σεαυτῆς	ἑαυτοῦ	ἑαυτῆς	ἑαυτοῦ
	与	ἐμαυτῷ	ἐμαυτῇ	σεαυτῷ	σεαυτῇ	ἑαυτῷ	ἑαυτῇ	ἑαυτῷ
	対	ἐμαυτόν	ἐμαυτήν	σεαυτόν	σεαυτήν	ἑαυτόν	ἑαυτήν	ἑαυτό
複数	属	ἡμῶν αὐτῶν		ὑμῶν αὐτῶν		ἑαυτῶν	
	与	ἡμῖν αὐτοῖς	ἡμῖν αὐταῖς	ὑμῖν αὐτοῖς	ὑμῖν αὐταῖς	ἑαυτοῖς	ἑαυταῖς	ἑαυτοῖς
	対	ἡμᾶς αὐτούς	ἡμᾶς αὐτάς	ὑμᾶς αὐτούς	ὑμᾶ αὐτάς	ἑαυτούς	ἑαυτάς	ἑαυτά

2人称単数はσεαυτ-の他にσαυτ-という形で、そして3人称はἑαυτ-の他にαὐτ-という形で出てくることもあります。

ラテン語とギリシア語の所有形容詞

所有形容詞は「私の本」の「私の」のように所有を表す形容詞です。形容詞ですから、例によって結びつく名詞の性・数・格に一致します。ラテン語もギリシア語もいずれも第一・第二変化です。

ラテン語の所有形容詞

1人称単数 meus, -a, -um 　　　2人称単数 tuus, -a, -um

3人称単数 suus, -a, -um

1人称複数 noster, -tra, -trum 　　2人称複数 vester, -tra, -trum

3人称複数 suus, -a, -um（3人称単数と同形）

ギリシア語の所有形容詞

1人称単数 ἐμός, -ή, -όν 　　2人称単数 σός, -ή, -όν 　　3人称単数　なし

1人称複数 ἡμέτερος, -ᾱ, -ον 　2人称複数 ὑμέτερος, -ᾱ, -ον 　3人称複数　なし

ラテン語の3人称の所有形容詞 suus, -a, -um は再帰の意味を持ち、文の主語が所有者であることを表します。非再帰の場合の所有者は指示代名詞 is, ea, id の属

格形が用いられます。
　　　Pūblius suam fīliam amat.　　　プーブリウスは自分の娘を愛する。

対格形の名詞filiam「娘を」の所有者は文の主語であるPūbliusです。
これに対して、次の文は誰か別の人物の娘を愛していることになります。
　　　Pūblius ēius fīliam amat.　　　プーブリウスは彼（彼女）の娘を愛する。

ギリシア語の所有形容詞には3人称がありません。そこで指示代名詞などの属格を用います。「ピリッポスは自分の娘を愛する」と言う場合、「自分の」はピリッポスを指しますから、再帰の3人称の人称代名詞の男性単数属格が選ばれます。また、定冠詞で済ますことも少なくありません。
　　　Φίλιππος ἑαυτοῦ θυγατέρα φιλεῖ.　　　ピリッポスは自分の娘を愛する。

これに対して、誰か別の人の娘を愛しているのであれば、例えば上述の強意代名詞の属格を、非再帰の人称代名詞として用います。
　　　Φίλιππος αὐτοῦ θυγατέρα φιλεῖ.

すでに述べたように、ラテン語の人称代名詞の属格を所有の意味に用いることはありませんが、ギリシア語は所有形容詞の他に人称代名詞でも所有を表すことができます。例えば、ラテン語で「私の息子」はmeus fīliusであって、人称代名詞の属格を使ってmeī fīliusと言うことはありませんが、ギリシア語はἐμὸς υἱόςともἐμοῦ υἱός、あるいはὁ υἱός μουとも言えます。

　この課の冒頭に挙げたラテン語とギリシア語について解説します。etもκαίも「そして」の他に「〜も」の意味をもっています。tūとσύは2人称単数の人称代名詞の主格形です。Brūteは第二変化名詞の人名Brūtusの、そしてτέκνονは同じく第二変化名詞τέκνον(τό)の単数呼格形です。古代ローマの武将にして政治家のGāius Iūlius Caesar（前100〜前44）がポンペイウス劇場で開かれる元老院会議の前に刺客に襲われ、絶命する直前に残した言葉とされているものです。

12 関係代名詞

quem deī dīligunt iuvenis moritur. / ὃν οἱ θεοὶ φιλοῦσιν νέος ἀποθνήσκει.
神々が愛する者は若くして死ぬ。

ラテン語とギリシア語の関係代名詞

		男	女	中
単数	主	quī	quae	quod
	属	cūius		
	与	cui		
	対	quem	quam	quod
	奪	quō	quā	quō
複数	主	quī	quae	quae
	属	quōrum	quārum	quōrum
	与	quibus		
	対	quōs	quās	quae
	奪	quibus		

男	女	中
ὅς	ἥ	ὅ
οὗ	ἧς	οὗ
ᾧ	ᾗ	ᾧ
ὅν	ἥν	ὅ
οἵ	αἵ	ἅ
ὧν		
οἷς	αἷς	οἷς
οὕς	ἅς	ἅ
ὥ		
οἷν		
ὥ		

　関係代名詞は、ある名詞について、その名詞がどういうものであるのか説明するための文をつなげる働きをします。その名詞は「先行詞」、そしてその先行詞を説明するための文を「関係節」と呼びます。ギリシア語の関係代名詞は、17 ページで見た定冠詞にとても形が似ていて、男性単数主格ならば定冠詞のそれに -ς を加え、τ- で始まる定冠詞からその τ- を取ると得られます。性と数は先行詞に一致し、格は先行詞と関係節中の要素との関わり方によって決まります。

　　pater epistulam quam suus fīlius scrīpsit legit.
　　ὁ πατὴρ ἐπιστολὴν ἣν ὁ υἱὸς ἔγραφε ἀναγιγνώσκει.
　　父は自分の息子が書いた手紙を読む。

　ラテン語もギリシア語も、先行詞 epistula と ἐπιστολή は女性名詞で単数形、そして、関係節中の動詞 scrībō と ἀναγιγνώσκω に対して、「手紙を読む」と直接目的語の関係にあります。このことからそれぞれ女性単数対格の形が選ばれています。

quem deī dīligunt iuvenis moritur.　神々が愛する者は若くして死ぬ。
ὃν οἱ θεοὶ φιλοῦσιν νέος ἀποθνῄσκει.

　deīとθεοίが「神々」、dīliguntとφιλοῦσινが「好きだ」、iuvenisとνέοςが「若い」です。ラテン語の動詞moriturについては17課の能相欠如動詞を参照してください。またラテン語とギリシア語の形容詞は、このように結びつく名詞に性・数・格を一致させながら副詞のように振る舞うことがしばしばあります。
　これらはis quī..., οὗτος ὅν...(14課)のようにそれぞれ指示代名詞を補って考え、「～であるところの人」を表します。また、(id) quod dīligimus, (τοῦτο) ὃ φιλοῦμενと中性にすると「私たちの愛するもの、こと」という意味になります。

❦ ラテン語の疑問代名詞

　ここで関係代名詞によく似たラテン語の疑問代名詞も見ておきましょう。

ラテン語の疑問代名詞と疑問形容詞

		代名詞		形容詞		
		誰	何	男	女	中
単数	主	quis	quid	quī	quae	quod
	属	cūius		cūius		
	与	cuī		cuī		
	対	quem	quid	quem	quam	quod
	奪	quō		quō	quā	quō
複数	主			quī	quae	quae
	属			quōrum	quārum	quōrum
	与			quibus		
	対			quōs	quās	quae
	奪			quibus		
双数	主					
	属・与					
	対					

　「誰」「何」のように代名詞的に用いるものと、「どんな」のように形容詞的に名詞に結びつけて用いるものとがあります。後者は上述の関係代名詞とまったく同じ形です。ギリシア語の疑問代名詞は次の課で見ることにします。

13 不定代名詞、不定関係代名詞

ita aliquis dīxit. / ὧδέ τις ἔλεξε.　ある人が次のように言った。

ラテン語にもギリシア語にも「ある人」「ある物」といった不定性を表す代名詞があります。

今回はその変化形を学びます。

❦ 不定代名詞

ラテン語の不定代名詞

		代名詞		形容詞（複数形は代名詞としても用いる）		
		誰か	何か	男	女	中
単数	主	aliquis	aliquid	aliquī	aliqua	aliquod
	属	alicūius		alicūius		
	与	alicuī		alicuī		
	対	aliquem	aliquid	aliquem	aliquam	aliquod
	奪	aliquō		aliquō	aliquā	aliquō
複数	主			aliquī	aliquae	aliqua
	属			aliquōrum	aliquārum	aliquōrum
	与			aliquibus		
	対			aliquōs	aliquās	aliqua
	奪			aliquibus		

ラテン語の不定代名詞は前課ですでに見た疑問詞および関係詞にali-という要素を付加することで得られますが、ただし中性複数の主格・対格については-aeではなくて、規則的な-aになります。

sī「もし」、nisi「もし〜でなければ」、nē「〜しないように」、num「〜だろうか」などの後では、例えばsī quis quem videt「もし誰かが誰かを見れば」のようにali-が現われません。

この他に、疑問詞に-damの付いたquīdam, quaedam, quiddam（形容詞的に用いるときはquoddam、また-damの前のmはquendamのようにnになる）「ある（人）（物）」や、quisque, quaeque, quidque (quodque)「各人、おのおの」、さ

らに quīvīs, quaevīs, quidvīs（quodvīs）または quīlibet, quaelibet, quidlibet（quodlibet）「誰でも、何でも」といった不定代名詞もあります。

次にギリシア語の不定代名詞を見ることにしますが、これは疑問代名詞とほとんど同じ形なので、これも一緒に学びましょう。

ギリシア語の不定代名詞（左）と疑問代名詞（右）

		男女	中	男女	中
単数	主	τὶς	τὶ	τίς	τί
	属	τινός, τοῦ		τίνος, τοῦ	
	与	τινί, τῷ		τίνι, τῷ	
	対	τινά	τὶ	τίνα	τί
複数	主	τινές	τινά, ἄττα	τίνες	τίνα
	属	τινῶν		τίνων	
	与	τισί(ν)		τίσι(ν)	
	対	τινάς	τινά, ἄττα	τίνας	τίνα
双数	主	τινέ		τίνε	
	属・与	τινοῖν		τίνοιν	
	対	τινέ		τίνε	

両者とも、代名詞的にも、名詞に付けて形容詞的にも用いることができます。
不定代名詞の方は、ἄττα 以外はすべて前接辞で、常に語末にアクセントが落ちます。

不定関係代名詞

ラテン語にもギリシア語にも「～するところのもの（人）は何でも（誰でも）」を表す代名詞があります。

それぞれ、

　quīcumque, quaecumque, quodcumque
　ὅστις, ἥτις, ὅτι（ὅ τι とも書く）

です。
ラテン語は例の quī, quae, quod に -cumque が付いたもので、ギリシア語の方は前の課で見た関係代名詞に不定代名詞が付いたものです。

		男	女	中	男	女	中
単数	主	quīcumque	quaecumque	quodcumque	ὅστις	ἥτις	ὅτι
	属	cūiuscumque			οὗτινος, ὅτου	ἧστινος	οὗτινος, ὅτου
	与	cuīcumque			ᾧτινι, ὅτῳ	ᾗτινι	ᾧτινι, ὅτῳ
	対	quencumque	quancumque	quodcumque	ὅντινα	ἥντινα	ὅτι
	奪	quōcumque	quācumque	quōcumque			
複数	主	quīcumque	quaecumque	quaecumque	οἵτινες	αἵτινες	ἅτινα, ἅττα
	属	quōruncumque	quāruncumque	quōruncumque	ὧντινων, ὅτων	ὧντινων	ὧντινων, ὅτων
	与	quibuscumque			οἷστισι(ν), ὅτοις	αἷστισι(ν)	οἷστισι(ν), ὅτοις
	対	quōscumque	quāscumque	quaecumque	οὕστινας	ἅστινας	ἅτινα, ἅττα
	奪	quibuscumque					
双数	主				τώδε		
	属・与				τοῖνδε		
	対				τώδε		

「我々が耳にしたことは何でも君に言う」をそれぞれラテン語とギリシア語で言ってみます。「我々が耳にした」は第四活用動詞 audiō の完了形で audīvimus です。「何でも」なので中性で、ここは複数形にしてみましょう。「君に言う」は人称代名詞の2人称単数与格 tibi と第三活用動詞 dīcō の1人称複数を使います。

ギリシア語の方は、ἀκούω「聞く」のアオリスト1人称複数で ἠκούσαμεν、「何でも」は ἅτινα あるいは ἅττα、「君に」は σοί、「私たちは言う」は λέγω の1人称複数の形です。

　　quaecumque audīvimus tibi dīcimus.
　　ἅτινα（または ἅττα）ἠκούσαμεν σοὶ λέγομεν.

14 指示代名詞

haec fābula mihi placet et illa tibi. / ὅδε μῦθός μοι ἀρέσκει καὶ ἐκεῖνός σοι.
　　　　　私はこの物語を気に入り、君はあれを気に入る。

　日本語には「これ」「それ」「あれ」の代名詞があります。それぞれ「話し手に近いもの」「聞き手に近いもの」「話し手と聞き手の両方にとって遠いもの」を指しますね。これととてもよく似たしくみをラテン語とギリシア語も持っています。

「これ」「この」の指示代名詞

		男	女	中
単数	主	hic	haec	hoc
	属	hūius		
	与	huīc		
	対	hunc	hanc	hoc
	奪	hōc	hāc	hōc
複数	主	hī	hae	haec
	属	hōrum	hārum	hōrum
	与	hīs		
	対	hōs	hās	haec
	奪	hīs		

男	女	中
ὅδε	ἥδε	τόδε
τοῦδε	τῆσδε	τοῦδε
τῷδε	τῇδε	τῷδε
τόνδε	τήνδε	τόδε
οἵδε	αἵδε	τάδε
τῶνδε		
τοῖσδε	ταῖσδε	τοῖσδε
τούσδε	τάσδε	τάδε

双数	主	τώδε
	属・与	τοῖνδε
	対	τώδε

「それ」「その」の指示代名詞

		男	女	中
単数	主	iste	ista	istud
	属	istīus		
	与	istī		
	対	istum	istam	istud
	奪	istō	istā	istō
複数	主	istī	istae	ista
	属	istōrum	istārum	istōrum
	与	istīs		
	対	istōs	istās	ista
	奪	istīs		

男	女	中
οὗτος	αὕτη	τοῦτο
τούτου	ταύτης	τούτου
τούτῳ	ταύτῃ	τούτῳ
τοῦτον	ταύτην	τοῦτο
οὗτοι	αὗται	ταῦτα
τούτων		
τούτοις	ταύταις	τούτοις
τούτους	ταύτᾱς	ταῦτα

双数	主	τούτω
	属・与	τούτοιν
	対	τούτω

67

❦「あれ」「あの」の指示代名詞

		男	女	中
単数	主	ille	illa	illud
	属	illīus		
	与	illī		
	対	illum	illam	illud
	奪	illō	illā	illō
複数	主	illī	illae	illa
	属	illōrum	illārum	illōrum
	与	illīs		
	対	illōs	illās	illa
	奪	illīs		
双数	主			
	属・与			
	対			

男	女	中
ἐκεῖνος	ἐκείνη	ἐκεῖνο
ἐκείνου	ἐκείνης	ἐκείνου
ἐκείνῳ	ἐκείνῃ	ἐκείνῳ
ἐκεῖνον	ἐκείνην	ἐκεῖνο
ἐκεῖνοι	ἐκεῖναι	ἐκεῖνα
ἐκείνων		
ἐκείνοις	ἐκείναις	ἐκείνοις
ἐκείνους	ἐκείνᾱς	ἐκεῖνα
ἐκείνω		
ἐκείνοιν		
ἐκείνω		

　かなり大まかな言い方をすれば、基本的にはラテン語もギリシア語も第一・第二変化です。とくに複数形はhic, haec, hocの中性の主格・対格がhaではなくhaecである以外はそう言ってかまわないでしょう。

　ラテン語の方は、単数形、それもhic, haec, hocの変化形で少し注意が必要です。また、-ius, -īという単数属格および与格は、非再帰の3人称の代名詞で見たis, ea, id（59ページ）のときと同じ語尾です。これは代名詞に特徴的なもので、関係代名詞でも出てきた形です。

　ギリシア語の方で注意すべきは中性単数主格・対格が-ονではなく-οであること、οὗτοςの女性複数属格および双数がταύτ-ではなく男性中性と同様のτούτ-であることぐらいで、ラテン語に比べるとギリシア語の方がはるかに規則的だと言うことができます。ちなみに「これ」「この」のὅδε, ἥδε, τόδεは定冠詞と前接辞-δεからなっています。

　ギリシア語の指示代名詞は、形容詞的に名詞に付加して用いる場合、名詞は定冠詞を伴うのが普通で、指示代名詞が両者の間に入ることはありません。例えば、「あの男」と言う時は、ἐκεῖνος ὁ ἀνήρまたはὁ ἀνὴρ ἐκεῖνοςとなります。

❦その他の指示代名詞

　ラテン語の指示代名詞には上記のほかに、11課で非再帰の3人称の人称代名詞として紹介したis, ea, idがあります。これはhic..., iste..., ille...と異なり、何か

を指で示しながら「それ」などという使い方はなく、文脈内での指示がもっぱらの働きです。

　　flūmen est Arar. id Helvētiī ratibus trānsībant.
　　アラル川という河川がある。それをヘルウェーティー族は筏で渡っていた。

　flūmenは中性の第三変化名詞の主格・対格（属格はflūminis）で、ratibusはやはり第三変化名詞ratis, -is「筏」の複数奪格です。trānsībantはtrāns「〜を越えて」とeō「行く」からなる合成名詞で、未完了過去形になっています。
　ギリシア語には「このような」「そのような」を表すτοιοῦτος, τοιαύτη, τοιοῦτο(ν)があります。語尾を見て分かるように第一・第二変化です。

15 ギリシア語の中動態、受動態

fīlium meum lavō et lavor. / τὸν υἱὸν λούω καὶ λούομαι.
私は自分の息子の体を洗い、そして自分の体を洗う。

ギリシア語の直説法中動態

ギリシア語は、中動態という、ラテン語にはない（正確に言えばラテン語では後発の受動態に吸収されてしまった）態を持っています。これは、例えば「自分の体を洗う」のように、ある主体が行なった動作が他者に及ぶのではなく、主体自身に関わるときに用いられます。語尾は本時称（現在、未来、完了、未来完了）と、副時称（未完了過去、第一アオリスト、過去完了）とでそれぞれ共通しています。受動態はこの中動態から生まれたもので、ラテン語も「自分の体を洗う」場合、受動態の形が用いられます。

παιδεύω「教育する」の中動態現在形、未来形、完了形、未来完了形

		現在形	未来形	完了形	未来完了形
単数	1	παιδεύομαι	παιδεύσομαι	πεπαίδευμαι	πεπαιδεύσομαι
	2	παιδεύῃ, -ει	παιδεύσῃ, -ει	πεπαίδευσαι	πεπαιδεύσῃ, -ει
	3	παιδεύεται	παιδεύσεται	πεπαίδευται	πεπαιδεύσεται
複数	1	παιδευόμεθα	παιδευσόμεθα	πεπαιδεύμεθα	πεπαιδευσόμεθα
	2	παιδεύεσθε	παιδεύσεσθε	πεπαίδευσθε	πεπαιδεύσεσθε
	3	παιδεύονται	παιδεύσονται	πεπαίδευνται	πεπαιδεύσονται
双数	2	παιδεύεσθον	παιδεύσεσθον	πεπαίδευσθον	πεπαιδεύσεσθον
	3	παιδεύεσθον	παιδεύσεσθον	πεπαίδευσθον	πεπαιδεύσεσθον
不定法		παιδεύεσθαι	παιδεύσεσθαι	πεπαιδεῦσθαι	πεπαιδεύσεσθαι

2人称単数の現在形と未来形の語尾 -ῃ, -ει は、現在形を例にとると παιδεύε-σαι の σ が母音間で脱落して παοδεύε-αι となり、さらに約音が生じたものです。また、完了の不定法のアクセント位置は能動態と同様につねに後ろから2つ目の音節に置かれます。

❦ 中動態未完了過去形、アオリスト、過去完了形

		未完了過去形	アオリスト	過去完了形
単数	1	ἐπαιδευόμην	ἐπαιδευσάμην	ἐπεπαιδεύμην
	2	ἐπαιδεύου	ἐπαιδεύσω	ἐπεπαίδευσο
	3	ἐπαιδεύετο	ἐπαιδεύσατο	ἐπεπαίδευτο
複数	1	ἐπαιδευόμεθα	ἐπαιδευσάμεθα	ἐπεπαιδεύμεθα
	2	ἐπαιδεύεσθε	ἐπαιδεύσασθε	ἐπεπαίδευσθε
	3	ἐπαιδεύοντο	ἐπαιδεύσαντο	ἐπεπαίδευντο
双数	2	ἐπαιδεύεσθον	ἐπαιδεύσασθον	ἐπεπαίδευσθον
	3	ἐπαιδευέσθην	ἐπαιδευσάσθην	ἐπεπαιδεύσθην
不定法			παιδεύσασθαι	

2人称単数の未完了過去形はἐπαιδεύε-σοのσが脱落してἐπαιδεύε-οとなり、さらに約音が生じた形です。同様にアオリストはἐπαιδεύσα-σοからἐπαιδεύσα-οを経てἐπαιδεύσωとなります。

❦ 中動態の用法

中動態はおもに以下の3つの場面で用いられます。

(1)「自分を〜させる」→「〜する」のように行為主体が、同時に行為の及ぶ対象になっている場合。
  λούω「洗う」
  → λούομαι「自分の体を洗う」「入浴する」

ラテン語も lavō, -āre「洗う」を受動態にして lavor（形は次ページ参照）と言うと「私は自分のからだを洗う」となります。λούω と lavō は同語源の単語です。

(2)「自分のために」のように、行為が行為主体に関わる場合。
  φέρω「運ぶ」
  → φέρομαι「自分のために運ぶ」「勝ちとる」

δανείζω「金を貸す」
→ δανείζομαι「自分のために金を貸してもらう」「借金する」
(3)「互いに〜する」のように、主体間で行為が相互的に行なわれる場合。
διανέμω「分配する」
→ διανεμόμεθα「我々は分かち合う」

❦ 受動態

　受動態は、「彼を愛する」を「彼は愛される」にするように、能動文の直接目的語を主語の位置に立てた文です。実はギリシア語の受動態のうち、専用の形を持つのはアオリストと未来形のみで、それ以外はすでに見た中動態がそのはたらきを引き受けます。

❦ ラテン語の第一活用から第四活用までの受動態の現在形

		amō (1)	videō (2)	regō (3a)	capiō (3b)	audiō (4)
単数	1	amor	videor	regor	capior	audior
	2	amāris (-re)	vidēris (-re)	regeris (-re)	caperis (-re)	audīris (-re)
	3	amātur	vidētur	regitur	capitur	audītur
複数	1	amāmur	vidēmur	regimur	capimur	audīmur
	2	amāminī	vidēminī	regiminī	capiminī	audīminī
	3	amantur	videntur	reguntur	capiuntur	audiuntur
不定法		amārī	vidērī	regī	capī	audīrī

　第三活用以外でamā-tur, vidē-tur, audīturと3人称単数の幹母音が長くなること（それぞれ能動態ではama-t, vide-t, audi-tでした）、第三活用の不定法の語尾が-rīではなくて-īであることに注意しましょう。基本的に、ラテン語もギリシア語も能動態の語尾を受動態のそれに取り替えることで作ることができます。

　以後、未完了過去、未来、そしてギリシア語のアオリストの受動態を見ていきます。繰り返しになりますが「能動態で見た各時制の語尾を受動態のそれに替える」ことで得られます。それぞれ脇に能動態の語尾を併記しますので比べてみてください。

直説法受動態未完了過去形（ギリシア語は中動態未完了過去と同形）

		受動態未完了過去形	cf. 能動態
単数	1	amābar	-bam
単数	2	amābāris (-re)	-bās
単数	3	amābātur	-bat
複数	1	amābāmur	-bāmus
複数	2	amābāminī	-bātis
複数	3	amābantur	-bant

		受動態未完了過去形	cf. 能動態
単数	1	ἐπαιδευόμην	-ον
単数	2	ἐπαιδεύου	-ες
単数	3	ἐπαιδεύετο	-ε(ν)
複数	1	ἐπαιδευόμεθα	-ομεν
複数	2	ἐπαιδεύεσθε	-ετε
複数	3	ἐπαιδεύοντο	-ον
双数	2	ἐπαιδεύεσθον	-ετον
双数	3	ἐπαιδευέσθην	-ετην

中動態と同じ。

直説法受動態未来形

		受動態未来形	cf. 能動態
単数	1	amābor	-bō
単数	2	amāberis (-re)	-bis
単数	3	amābitur	-bit
複数	1	amābimur	-bimus
複数	2	amābiminī	-bitis
複数	3	amābuntur	-bunt

		受動態未来形	cf. 能動態
単数	1	παιδευθήσομαι	-σω
単数	2	παιδευθήσῃ, -ει	-σεις
単数	3	παιδευθήσεται	-σει
複数	1	παιδευθησόμεθα	-σομεν
複数	2	παιδευθήσεσθε	-σετε
複数	3	παιδευθήσονται	-σουσι(ν)
双	2/3	παιδευθήσεσθον	-σετον
不定法		παιδευθήσεσθαι	-σειν

ラテン語の能動態の未来形は第一・第二活用と第三・第四とで作り方が異なりましたが、受動態の未来形でも同様です。

		amō (1)	videō (2)	regō (3a)	capiō (3b)	audiō (4)
単数	1	amābor	vidēbor	regar	capiar	audiar
単数	2	amāberis, -re	vidēberis, -re	regēris, -re	capiēris, -re	audiēris, -re
単数	3	amābitur	vidēbitur	regētur	capiētur	audiētur
複数	1	amābimur	vidēbimur	regēmur	capiēmur	audiēmur
複数	2	amābiminī	vidēbiminī	regēminī	capiēminī	audiēminī
複数	3	amābuntur	vidēbuntur	regentur	capientur	audientur

ギリシア語の受動態のアオリスト（第一、第二）および第二未来

παιδεύω と κόπτω「切る」

		第一アオリスト	第二アオリスト	第二未来
単数	1	ἐπαιδεύθην	ἐκόπην	κοπήσομαι
	2	ἐπαιδεύθης	ἐκόπης	κοπήσῃ, ει
	3	ἐπαιδεύθη	ἐκόπη	κοπήσεται
複数	1	ἐπαιδεύθημεν	ἐκόπημεν	κοπησόμεθα
	2	ἐπαιδεύθητε	ἐκόπητε	κοπήσεσθε
	3	ἐπαιδεύτησαν	ἐκόπησαν	κοπήσονται
双数	2	ἐπαιδεύθητον	ἐκόπητον	κοπήσεσθον
	3	ἐπαιδευθήτην	ἐκοπήτην	κοπήσεσθον
不定法		παιδευθῆναι	κοπῆναι	κοπήσεσθαι

　アオリストについては、受動態ではなくて能動態の語尾であること、そして不定法では終わりから2つ目の音節がアクセント位置になることに注意してください。また、φαίνω「現わす」のように、アオリストと未来形で、それぞれἐφάνην, φανήσομαι と、-θη- ではなく、-η- を用いるものがあります。これを第二アオリスト、第二未来と呼びます。

ラテン語の受動態完了形、未来完了形、過去完了形

　ラテン語のこれらの時制の受動態は、「完了受動分詞 + sum の現在形、未来形、未完了過去形」によって作られます。完了受動分詞とは、英語などの文法で過去分詞と呼ばれるものです。例えば amō の完了受動分詞は amātus, -a, -um、そして videō の過去分詞は vīsus, -a, -um という形です。-us, -a, -um という表記の仕方から分かるように第一・第二変化形容詞の曲用です。しかしながら、ラテン語の完了受動分詞は派生させる元となる形を持っていません。つまり、これまで見てきた amō, amāre, amāvī のどれからも作り出すことができないのです。そこでラテン語の辞書には、amō の第四の形として amātum を見出し語に掲げています。これは18課で学ぶ目的分詞の対格形なのですが、過去分詞の男性単数対格、そして中性単数主格・対格の形でもあり、ここから完了受動分詞のすべての形を導くことができるようになっています。例えば amātus est では、完了受動分詞は男性単数主格になっています。完了受動分詞は主語の性・数・格に一致します。従って、

「愛された」人は男性で一人であることが分かります。estはsumの3人称単数なので、その主語は「彼」と解釈することができます。そして「完了受動分詞＋sumの現在形」なので全体として受動態の過去形です。したがってこの文は「彼は愛された」という意味になります。

amōの受動態完了形、未来完了形、過去完了形

		完了形	未来完了形	過去完了形
単数	1	amātus, -a, -um sum	amātus, -a, -um erō	amātus, -a, -um eram
	2	amātus, -a, -um es	amātus, -a, -um eris	amātus, -a, -um erās
	3	amātus, -a, um est	amātus, -a, um erit	amātus, -a, um erat
複数	1	amātī, -ae, -a sumus	amātī, -ae, -a erimus	amātī, -ae, -a erāmus
	2	amātī, -ae, -a estis	amātī, -ae, -a eritis	amātī, -ae, -a erātis
	3	amātī, -ae, -a sunt	amātī, -ae, -a erunt	amātī, -ae, -a erant

ラテン語の未来完了、および過去完了の受動態は完了受動分詞に、それぞれsumの未来形、そして未完了過去形を組み合わせることで得られます。

ギリシア語の約音動詞の中動態・受動態現在形

次にギリシア語の約音動詞を見てみましょう。

		τῑμά-ω「尊敬する」	ποιέ-ω「行なう、作る」	δηλό-ω「示す」
単数	1	(τῑμά-ομαι) τῑμῶμαι	(ποιέ-ομαι) ποιοῦμαι	(δηλό-ομαι) δηλοῦμαι
	2	(τῑμά-ῃ, -ει) τῑμᾷ	(ποιέ-ῃ, -ει) ποιῇ, -εῖ	(δηλό-ῃ, -ει) δηλοῖ
	3	(τῑμά-εται) τῑμᾶται	(ποιέ-εται) ποιεῖται	(δηλό-εται) δηλοῦται
複数	1	(τῑμα-όμεθα) τῑμώμεθα	(ποιε-όμεθα) ποιούμεθα	(δηλο-όμεθα) δηλούμεθα
	2	(τῑμά-εσθε) τῑμᾶσθε	(ποιέ-εσθε) ποιεῖσθε	(δηλό-εσθε) δηλοῦσθε
	3	(τῑμά-ονται) τῑμῶνται	(ποιέ-ονται) ποιοῦνται	(δηλό-ονται) δηλοῦνται
双	2/3	(τῑμά-εσθον) τῑμᾶσθον	(ποιέ-εσθον) ποιεῖσθον	(δηλό-εσθον) δηλοῦσθον
不定法		(τῑμά-εσθαι) τῑμᾶσθαι	(ποιέ-εσθαι) ποιεῖσθαι	(δηλό-εσθαι) δηλοῦσθαι

ギリシア語の約音動詞の中動態・受動態未完了過去形

		τῑμά-ω「尊敬する」		ποιέ-ω「行なう、作る」		δηλό-ω「示す」	
単数	1	(ἐτῑμα-όμην)	ἐτῑμώμην	(ἐποιε-όμην)	ἐποιούμην	(ἐδηλο-όμην)	ἐδηλούμην
	2	(ἐτῑμά-ου)	ἐτῑμῶ	(ἐποιέ-ου)	ἐποιοῦ	(ἐδηλό-ου)	ἐδηλοῦ
	3	(ἐτῑμά-ετο)	ἐτῑμᾶτο	(ἐποιέ-ετο)	ἐποιεῖτο	(ἐδηλό-ετο)	ἐδηλοῦτο
複数	1	(ἐτῑμα-όμεθα)	ἐτῑμώμεθα	(ἐποιε-όμεθα)	ἐποιούμεθα	(ἐδηλο-όμεθα)	ἐδηλούμεθα
	2	(ἐτῑμά-εσθε)	ἐτῑμᾶσθε	(ἐποιέ-εσθε)	ἐποιεῖσθε	(ἐδηλό-εσθε)	ἐδηλοῦσθε
	3	(ἐτῑμά-οντο)	ἐτῑμῶντο	(ἐποιέ-οντο)	ἐποιοῦντο	(ἐδηλό-οντο)	ἐδηλοῦντο
双数	2	(ἐτῑμά-εσθον)	ἐτῑμᾶσθον	(ἐποιέ-εσθον)	ἐποιεῖσθον	(ἐδηλό-εσθον)	ἐδηλοῦσθον
	3	(ἐτῑμα-έσθην)	ἐτῑμάσθην	(ἐποιε-έσθην)	ἐποιείσθην	(ἐδηλο-έσθην)	ἐδηλούσθην

行為者の指示

「～によって」のような形で動作主を表す場合、それが人であればラテン語では「ā (ab) + 奪格」、ギリシア語では「ὑπό + 属格」が用いられます。

「父は娘を愛する」　　　　　　　　「娘は父によって愛される」
pater filiam amat.　　　　　　　　filia *ā patre* amātur.
ὁ πατὴρ τὴν θυγατέρα φιλεῖ.　　ἡ θυγάτηρ *ὑπὸ τοῦ πατρὸς* φιλεῖται.

これに対して動作主が物であればラテン語では奪格、ギリシア語では与格によって表されます。

「太陽は万物を照らす」　　　　　　「万物は太陽によって照らされる」
sōl cuncta collūstrat.　　　　　　cuncta *sōle* collūstrantur.
ὁ ἥλιος τὰ πάντα φωτίζει.　　　τὰ πάντα *τῷ ἡλίῳ* φωτίζεται.

　　　　　　　　　　　　　　　　＊ギリシア語では中性複数が主語の場合、動詞は3人称単数を用います。

動詞の基本形

ラテン語にもギリシア語にも、あらゆる動詞の形を導くことのできる基本形を持っています。ラテン語ならば以下の4つです。

　　（1）代表形（amō）　　　　　　　（2）不定法現在（amāre）

(3) 完了幹（amāvī）　　　　　　(4) 目的分詞（amātum）

ギリシア語ならば以下の 6 つです。
　　　(1) 代表形（παιδεύω）　　　　　(2) 未来形能動態（παιδεύσω）
　　　(3) アオリスト能動態（ἐπαίδευσα）　(4) 完了能動態（πεπαίδευκα）
　　　(5) 完了中動態・受動態（πεπαίδευμαι）
　　　(6) アオリスト受動態（ἐπαιδεύθην）

　ラテン語であれば、(2) から現在形、未完了過去形、未来形の能動態と受動態、が、(3) から完了形、過去完了形、未来完了形の能動態が、そして (4) から完了受動分詞が得られます。
　ギリシア語では、(1) から現在形と未完了過去形の能動態と受動態、(2) から未来形の中動態、(3) からアオリストの中動態、(4) から過去完了形の能動態、(5) から完了形、過去完了形、未来完了形の中動態・受動態、(6) から受動態の未来形が得られ、そのほか両言語の各種分詞（18 課）や形容詞形（27 課）もこれらから導くことができます。

16 命令法

nōsce tē ipsum. / γίγνωσκε σε αὐτόν. 汝自身を知れ。

命令法

命令法は、ラテン語には現在形と未来形、ギリシア語には現在形とアオリスト、そして完了形があります。また能動態と受動態、そしてギリシア語には中動態があります。ラテン語の命令法の受動態は実際には用いられませんが、変化形は後で必要になってきます。まずは能動態の活用から見ていきましょう。

命令法現在能動態

単	2	amā
複	2	amāte

単数	2	παίδευε
	3	παιδευέτω
複数	2	παιδεύετε
	3	παιδευόντων
双数	2	παιδεύετον
	3	παιδευέτων (παιδευέτωσαν)

　3人称の命令というのは少し分かりにくいかもしれませんが、παιδευέτω と言う時は、「彼は教育しなければならない」という意味になります。ラテン語は4つの規則活用があるので、それらの命令法現在能動態を見ていきましょう。

		amō (1)	videō (2)	regō (3a)	capiō (3b)	audiō (4)
単	2	amā	vidē	rege	cape	audī
複	2	amāte	vidēte	regite	capite	audīte

　作り方は基本的に簡単で、2人称単数は現在幹をそのまま使い、複数ではギリシア語の時と同じように -te という語尾を付けます。その場合、第三活用は注意が必要です。幹母音 e ではなく、regis, capis, regit, capit... のときのように i が現われます。また、第三活用に属す動詞のうち、dīcō「言う」、dūcō「導く」、faciō「する、作る」の命令法2人称単数は幹母音のない形、dīc, dūc, fac が用いられます。

ラテン語の命令法未来能動態

		amō (1)	videō (2)	regō (3a)	capiō (3b)	audiō (4)
単数	2	amātō	vidētō	regitō	capitō	audītō
	3	amātō	vidētō	regitō	capitō	audītō
複数	2	amātōte	vidētōte	regitōte	capitōte	audītōte
	3	amantō	videntō	reguntō	capiuntō	audiuntō

　命令は一般に、目の前にいる相手に何か行為を促すときに用いますが、命令法未来というのは、そうした相手が目の前にいるいないは問題ではなく、「こうするものだ」と一般的真理を伝えるときに用いる形です。そのため、法律や遺言状などに見られます。また、sciō「知る」とmeminī「覚えている」は第一命令法の代わりに、scītō, scītōte / mementō, mementōteと第二命令法が用いられます。

ギリシア語の命令法第一および第二アオリスト能動態

παιδεύω と λείπω　残す

		παιδεύω 第一アオリスト	λείπω 第二アオリスト
単数	2	παίδευσον	λίπε
	3	παιδευσάτω	λιπέτω
複数	2	παιδεύσατε	λίπετε
	3	παιδευσάντων	λιπόντων
双数	2	παιδεύσατον	λίπετον
	3	παιδευσάτων(παιδευσάτωσαν)	λιπέτων(λιπέτωσαν)

　第二アオリストの命令法は現在形と同じ語尾です。

ギリシア語の命令法完了能動態

		παιδεύω
単数	2	πεπαίδευκε
	3	πεπαιδευκέτω
複数	2	πεπαιδεύκετε
	3	πεπαιδευκόντων
双数	2	πεπαιδεύκετον
	3	πεπαιδευκέτων

　これは、ἴσθι「知っておきなさい」(οἶδα「見る」)やμέμνησο「覚えておきなさい」(μιμνήσκομαι「思い出す」)などごく一部の動詞でしか用いられることがありません。3人称複数はπεπαιδευκέτωσανという形もあります。

ラテン語の命令法現在受動態および未来受動態

			amō (1)	videō (2)	regō (3a)	capiō (3b)	audiō (4)
現在	単	2	amāre	vidēre	regere	capere	audīre
	複	2	amāminī	vidēminī	regiminī	capiminī	audīminī
未来	単	2/3	amātor	vidētor	regitor	capitor	audītor
	複	3	amantor	videntor	reguntor	capiuntor	audiuntor

すでに述べたように、受動態の命令法は実際には用いられることはありませんが、形そのものは後に学ぶ特殊な動詞（17課）の命令法で現われるので覚えておく必要があります。命令法現在形は、普通の現在形のときの2人称単数および複数と同形ですが、単数では -ris ではなく -re が出てくることに注意してください。

ギリシア語の命令法現在、アオリスト、完了の中動態および受動態

ギリシア語の命令法は、現在形では中動態と受動態が同形で受動態は εἰρήσθω「言われたとしなさい」（εἴρω「言う」）といった3人称単数でごくわずかに用いられるのみです。3人称複数には παιδευέτωσαν という形もあります。

		現在
		中動態・受動態
単数	2	παιδεύου
	3	παιδευέσθω
複数	2	παιδεύεσθε
	3	παιδευέσθων
双数	2	παιδεύεσθον
	3	παιδευέσθων

		第一アオリスト		第二アオリスト
		中動態	受動態	中動態
単数	2	παίδευσαι	παιδεύθητι	λιποῦ
	3	παιδευσάσθω	παιδευθήτω	λιπέσθω
複数	2	παιδεύσασθε	παιδεύθητε	λίπεσθε
	3	παιδευσάσθων (παιδευσάσθωσαν)	παιδευθέντων (παιδευθήτωσαν)	λιπέσθων (λιπέσθωσαν)
双数	2	παιδεύσασθον	παιδεύθητον	λίπεσθον
	3	παιδευσάσθων	παιδευθήτων	λιπέσθων

アオリスト受動態は命令法でも能動態の語尾だということが分かります。なお、2人称単数では、παιδεύθηθιのはずですが、帯気音の重複を嫌ってπαιδεύθητιとなっています。
　また、παιδεύωの現在中動態・受動態の2人称単数παιδεύουとλείπω「残す」の第二アオリスト中動態の2人称単数λιποῦは、元来παιδεύε-σο, λιπέ-σοだったものが、σの脱落によって約音が生じた結果です。

命令法完了中動態・受動態

単数	2	πεπαίδευσο
単数	3	πεπαιδεύσθων
複数	2	πεπαίδευσθε
複数	3	πεπαιδεύσθων (πεπαιδεύσθωσαν)
双数	2	πεπαίδευσθον
双数	3	πεπαιδεύσθων

　「〜するな」のように否定の命令、つまり禁止を表す場合はラテン語とギリシア語はそれぞれ、

　　動詞nōlōの命令法 + 不定法
　　μή + 命令法現在

を用います。
　nōlōは、否定のnōnと不規則動詞volō「望む」が結びついたもので、巻末のvolōの活用表（156ページ）を参考にしてください。基本的にvolōのv-をn-にするとnōlōの活用を得ることができます。

　　nōlī vidēre.　見ないで！

　この課の冒頭のラテン語とギリシア語のnōsceとγίγνωσκεはそれぞれnōscō, -ereとγιγνώσκωの命令法現在形です。

81

ギリシア語の約音動詞の命令法

最後に約音動詞の命令法の現在形を挙げます。

能動態

	τίμαω「尊敬する」	ποιέω「作る」	δηλόω「明らかにする」
単数	(τίμαε) τίμᾱ (τῑμαέτω) τῑμᾱ́τω	(ποίεε) ποίει (ποιεέτω) ποιείτω	(δήλοε) δήλου (δηλοέτω) δηλούτω
複数	(τῑμάετε) τῑμᾶτε (τῑμαόντων) τῑμώντων (τῑμαέτωσαν τῑμᾱ́τωσαν)	(ποιέετε) ποιεῖτε (ποιεόντων) ποιούντων (ποιεέτωσαν ποιείτωσαν)	(δηλόετε) δηλοῦτε (δηλοόντων) δηλούντων (δηλοέτωσαν δηλούτωσαν)
双数	(τῑμάετον) τῑμᾶτον (τῑμαέτων) τῑμᾱ́των	(ποιέετον) ποιεῖτον (ποιεέτων) ποιείτων	(δηλόετον) δηλοῦτον (δηλοέτων) δηλούτων

中動態・受動態

	τῑμαω	ποιέω	δηλόω
単数	(τῑμάου) τῑμῶ (τῑμαέσθω) τῑμᾶσθω	(ποιέου) ποιοῦ (ποιεέσθω) ποιείσθω	(δηλόου) δηλοῦ (δηλοέσθω) δηλούσθω
複数	(τῑμάεσθε) τῑμᾶσθε (τῑμαέσθων) τῑμᾱ́σθων (τῑμαέσθωσαν τῑμᾱ́σθωσαν)	(ποιέεσθε) ποιεῖσθε (ποιεέσθων) ποιείσθων (ποιεέσθωσαν ποιείσθωσαν)	(δηλόεσθε) δηλοῦσθε (δηλοέσθων) δηλούσθων (δηλοέσθωσαν δηλούσθωσαν)
双数	(τῑμάεσθον) τῑμᾶσθον (τῑμαέσθων) τῑμᾶσθων	(ποιέεσθον) ποιεῖσθον (ποιεέσθων) ποιείσθων	(δηλόεσθον) δηλοῦσθον (δηλοέσθων) δηλούσθων

17 能相欠如動詞

nāscimur poētae, fīmus ōrātōrēs.
γιγνόμεθα ποιηταί, φυόμεθα ῥήτορες.
我々は詩人として生まれ、弁論家になる。

ラテン語には、形の上では受動態のように活用するが意味は能動、という変わった動詞群があります。

ラテン語の能相欠如動詞（形式受動相動詞）

 hortor (1), -ārī, hortātus sum　「励ます」
 vereor (2), -ērī, veritus sum　「畏れる」
 loquor (3a), -quī, locūtus sum　「話す」
 patior (3b), -tī, passus sum　「耐える、被る」
 mentior (4), -īrī, mentītus sum「嘘をつく」

代表形、不定法現在形、完了形1人称単数のいずれもが受動態の形をとっています。これらの動詞の表記の仕方から分かるように、完了形の1人称単数にすでに完了受動分詞が現われているため、基本形は現在形、不定法現在形、完了形の3つとなります。

ギリシア語の能相欠如動詞（形式受動相動詞）

これに対してギリシア語には、中動態または受動態の形しか持たないものがあります。アオリストに中動態の形が現われるものを中動型能相欠如動詞、受動態の形が現われるものを受動型能相欠如動詞と呼びます。また、能相欠如動詞の基本形は現在形、未来形、アオリスト、完了形の4つです。

 中動型：ἐργάζομαι, ἐργάσομαι, εἰργασάμην*, εἴργασμαι「作る」

*加音がηでないのは不規則

 受動型：βούλομαι, βουλήσομαι, ἐβουλήθην, βεβούλημαι「欲する」

注意すべき能相欠如動詞

ラテン語の動詞の中には、現在系列（現在、未完了過去、未来）は能動態の形を持つが、完了系列（完了、過去完了、未来完了）は受動態の形しか持たない、半能相欠如動詞と呼ばれるものがあります。動詞 audeō がその例で、辞書などで

は次のように表記されています。

    audeō, -ēre, ausus sum「敢えて～する」

　見出し語と不定法現在形は能動態であるのに対して、完了形1人称単数が受動態の形になっています。このことから、現在幹を基本に作り出す現在形、未完了過去形、未来形は能動態で活用し、それに対して完了形、過去完了形、未来完了形は受動態のように活用することが分かるようになっています。もちろん受動態のように活用しても意味は能動です。

　ギリシア語では、とくに完了形に限って能動態の活用をするものがあります。

    γίγνομαι, γενήσομαι, ἐγενόμην, γέγονα「生まれる、なる」

　また、これとは反対に未来形に限って中動態の活用をするものもあります。例えばἀκούω「聞く」の未来形は*ἀκούσωではなく、ἀκούσομαιとなります。加えて、εἰμί「ある」の未来形も、ἔσομαι, ἔσῃ（またはἔσει）, ἔσται（*ἔσεταιでない点に注意）, ἐσόμεθα, ἔσεσθε, ἔσονται, そして双数は2人称、3人称いずれもἔσεσθονとなります。

　ついでながら、ἀκούωの完了形1人称単数はἀκήκοαとなります。このように語頭の母音と子音が繰り返されるタイプのものを「アッティカ式畳音」と呼び、他にὀρύττω→ὀρώρυχα「掘る」などがあります。「α, ε, o + 1子音」で始まる動詞の一部に見られます。

　この課冒頭のラテン語は古代ローマの哲学者、弁論家、そして政治家でもあったMārcus Tullius Cicerō（前106～前43）の言葉で、私たちは詩人は天性のものだが、弁論家になるには鍛錬が必要である、という意味です。nāscimurは第三活用の能相欠如動詞nāscorの1人称複数、ōrātōrēsは第三変化名詞ōrātor, -ōrisの複数主格形です。「詩人として」の「詩人」はpoētaeであることが分かりますが、「～として」にあたる単語が見あたりません。このような場合、ラテン語は「私たち＝詩人」という関係であれば、poētaの形は「私たち」に合わせます。後半のōrātōrēsも同じ考え方です。fīmusはfīō「なる」「生じる」の1人称複数です。このラテン語をそのままギリシア語にしたのが、あとに続くものです。γιγνόμεθαが能相欠如動詞γίγνομαι「生まれる」の1人称複数、φυόμεθαが動詞φύω「生ぜしめる」の中動態1人称複数、最後にῥήτορεςが第三変化名詞ῥήτωρ「弁論家」の複数主格形です。ラテン語のnāscorはgignō「生む」と関連し、このgignōはもちろんギリシア語のγίγνομαιと結びつきます。さらにラテン語のfīōとギリシ

ア語のφύωも「伸長する、なる」という意味を持つ語幹を共有しています。

　ところで、ラテン語の動詞fīōは不規則な活用を持っています。変化形は巻末の活用表を見てください（157ページ）。現在形は、人称語尾の前の母音がなんらかの形で-i-、そして3人称複数は-iu-と、第三活用(b)もしくは第四活用に似ていますが、これらとは母音の長短が1人称単数と3人称複数で異なっています。ラテン語はこの他に、dō, dare「与える」、eō, īre「行く」、ferō, ferre「運ぶ、耐える」、sum, esse「～がある、いる」「～である」、volō「欲する」（そしてここから派生したnōlō「欲しない」、mālō「むしろ～の方を欲する」）といった不規則動詞があります。また、ギリシア語もεἰμί「～がある、いる」「～である」、εἶμι「行く」、φημί「言う」をはじめ、活用に注意すべきものを巻末にいくつか挙げてありますので、参考にしてください。

18 分詞 (1)

epistulam ā mātre scrīptam lēgī.
τὴν ὑπὸ τῆς μητρὸς γεγραμμένην ἐπιστολὴν ἀνέγνων.
私は母によって書かれた手紙を読んだ。

分詞は動詞から作られ、形容詞のようにも働いたり、時や付帯状況を表すなど従属文のような働きもします。とくにギリシア語ではこの分詞がとてもよく発達しています。

ラテン語の目的分詞

ラテン語には目的分詞と呼ばれるものがあります。単数の対格と与格・奪格の2つの形があります。前者は移動を表す動詞とともに用いられ、「〜するために」を表し、後者は形容詞とともに用いられ、その形容詞を修飾します。対格は -um で、与格・奪格は -ū（例amātū）という語尾を取ります（後で見ることになる第四変化と呼ばれる名詞の変化形に由来しています）。

amīcus mē *vīsum* vēnit.　友人は私に会うためにやって来た。
hic liber *lēctū* facilis est.　この本は読むのに易しい（読みやすい）。

vīsum, lēctūはそれぞれ、動詞videō「見る」、legō「読む」の目的分詞（前者は対格、後者は与格・奪格）です。

この目的分詞は、74ページですでに述べたように、今まで見てきた代表形、現在幹、完了幹（例えばamō, amā-re, amā-vī）のいずれからも作ることはできず、したがってひとつずつ覚える必要があります。そのため、辞書ではその3つの形に加えて目的分詞の対格形を並べるのが慣習となっています。語尾をとった形（例えばamāt-）を目的分詞幹と呼びます。

ラテン語とギリシア語の現在能動分詞

amō (1) : amāns, -antis...　　παιδεύων, -ουσα, -ον
videō (2) : vidēns, -entis...
regō (3a) : regēns, -entis...

capiō（3b）: capiēns, -entis...
audiō（4）: audiēns, -entis...

ラテン語の方は、第三変化形容詞のsapiēns（46ページ）のように単数主格が3つの性で共通のタイプです。第一活用は-āns, -antis、それ以外は-ēns, -entisとなりますが、単数奪格が-īではなく-e、男女の複数対格が-īsではなく-ēsで現われます（要するに子音幹の形です）。

一方ギリシア語は、男性と中性は単数属格が-οντοςのタイプの第三変化ですが、女性は第一変化です。

ギリシア語のεἰμίはὤν, οὖσα, ὄνという現在分詞を持っていて男性および中性は単数属格以降ὄντος, ὄντι, ὄντα...と、女性はοὔσης, οὔσῃ, οὖσαν...と、それぞれ曲用します。

これに対してラテン語のsumには現在分詞がありません。

ラテン語とギリシア語の未来能動分詞

amō : amātūrus, -a, -um　　παιδεύσων, -ουσα, -ον

ラテン語の未来能動分詞は、目的分詞幹に-ūrus, -a, -umを付けることによって得られます。語尾の形から分かるように第一・第二変化形容詞のタイプです。ギリシア語の方は、未来形のしるしであるσを加えた語幹に-ων, -ουσα, -ονを付けます。現在分詞と同様の変化です。

ギリシア語のアオリスト能動分詞

παιδεύσᾱς, -ᾱσα, -αν

ギリシア語のアオリスト能動分詞は、基本的には7課で見た形容詞πᾶςと同じ変化をしますが、中性単数ではπᾶνに対して規則的にπαιδεῦσανと短くなります。

ギリシア語の完了能動分詞

ギリシア語の完了能動分詞は次のように変化します。
第一・第三変化です。

		男	女	中
単数	主・呼	πεπαιδευκώς	πεπαιδευκυῖα	πεπαιδευκός
	属	πεπαιδευκότος	πεπαιδευκυίᾱς	πεπαιδευκότος
	与	πεπαιδευκότι	πεπαιδευκυίᾳ	πεπαιδευκότι
	対	πεπαιδευκότα	πεπαιδευκυῖαν	πεπαιδευκός
複数	主・呼	πεπαιδευκότες	πεπαιδευκυῖαι	πεπαιδευκότα
	属	πεπαιδευκότων	πεπαιδευκυιῶν	πεπαιδευκότων
	与	πεπαιδευκόσι(ν)	πεπαιδευκυίαις	πεπαιδευκόσι(ν)
	対	πεπαιδευκότας	πεπαιδευκυίᾱς	πεπαιδευκότα
双数	主・呼	πεπαιδευκότε	πεπαιδευκυίᾱ	πεπαιδευκότε
	属・与	πεπαιδευκότοιν	πεπαιδευκυίαιν	πεπαιδευκότοιν
	対	πεπαιδευκότε	πεπαιδευκυίᾱ	πεπαιδευκότε

　ラテン語はさらに74ページで見た完了受動分詞があります。目的分詞幹に第一・第二変化形容詞の語尾-us, -a, -umを加えることで得られます。amōならばamātus, -a, -umとなります。

　ギリシア語は前述の能動分詞の他に中動、そして受動分詞があります。作り方はとても簡単で、対応する能動分詞の語尾を中動分詞の語尾-μενος, -η, -ον（第一・第二変化）に換えます。受動アオリストは7課で見た第一・第三変化形容詞の曲用ですが、男性および中性複数与格で*παιδευθέσιではなくπαιδευθεῖσιと、そして女性形で*παιδευθέσσααではなくπαιδευθεῖαとなります。

　あえて、ギリシア語の表をラテン語にもあてはめてみましたが、ギリシア語がいかに分詞を発達させているかがお分かりいただけると思います。

ラテン語の分詞

	能　動	中　動	受　動
現　在	amāns, -antis		
未　来	amātūrus, -a, -um		
完　了			amātus, -a, -um
未来完了			

ギリシア語の分詞

	能　　　動	中　　　動	受　　　動
現　　在	παιδεύων, -ουσα, -ον	παιδευόμενος, -η, -ον	
未　　来	παιδεύσων, -ουσα, -ον	παιδευσόμενος, -η, -ον	παιδευθησόμενος, -η, -ον
アオリスト	παιδεύσᾱς, -ᾱσα, -αν	πεπαιδαυσάμενος, -η, -ον	παιδευθείς, -εῖσα, -έν
完　　了	πεπαιδευκώς, -υῖα, -ός	πεπααιδευμένος, -η, -ον	
未 来 完 了		πεπαιδευσόμενος, -η, -ον	

❧ ギリシア語の第二アオリストの分詞
　ギリシア語の第二アオリストは現在分詞と同じ変化ですが、単数主格では語末がアクセント位置になります。例えばλείπω「残す」は、
　　男性：λιπών, -όντος...　女性：λιποῦσα, ούσης...　中性：λιπόν, -όντος...

のように変化します。

❧ 分詞の使い方
　分詞は動詞と形容詞の特徴を併せもっているので、能動の場合は直接目的語をとることができたり、名詞を修飾するなどします。名詞にかかる場合は、その名詞の性・数・格に一致するのも形容詞と同じですし、単独で名詞として使うこともできます。
・現在能動分詞の例
　　servī ērum *sequentēs*　　　　　　　主人の後を行く奴隷たち
　　οἱ τὸν δεσπότην διώκοντες δοῦλοι　　(sequor, διώκω「追う」)

・完了受動分詞の例
　　epistulam ā mātre *scrīptam* lēgī.　　私は母によって書かれた手紙を読んだ。
　　τὴν ὑπὸ τῆς μητρὸς γεγραμμένην ἐπιστολὴν ἀνέγνων.
　　　　　　　　　　　　　　　　　(scrībo, γράφω「書く」)
・分詞を名詞として用いた例
　　parentēs　　　両親（原義は「生む人たち」pareō, τίκτω「生む」）
　　οἱ τεκόντες

19 分詞 (2)

vēre appropinquante, multī flōrēs flōrent.
τοῦ ἔαρος προσερχομένου, πολλὰ ἄνθη ἀνθεῖ.
春が近づくと、多くの花が咲く。

前の課で見たように分詞は名詞を修飾したり、分詞みずからが名詞のように振る舞ったりするだけでなく、文そのものを修飾して付帯状況などを表すこともできます。

接合分詞

まずは以下のラテン語を見てください。
　　amīcus canēns ambulābat.

　amīcusは「友人」で、男性の第二変化名詞の単数主格です。canēnsはcanō, -ere「歌う」の現在分詞で先行するamīcusに一致しています。ambulābatは第一活用動詞ambulō, -āre「歩く」の未完了過去です。現在分詞canēnsを前の課のように考えて全体を訳すと「歌っている友人は歩いていた」というぎこちない日本語が出てきてしまいます。この場合の分詞は友人がどのように歩いていたかを補足的に説明する役割を果たしています。「友人は歌いながら歩いていた」と訳すとよいでしょう。分詞構文と呼ばれる、分詞のこうした働きはギリシア語にも見られます。同じ内容をギリシア語で表すと以下のようになります。
　　ὁ φίλος ᾄδων ἔβαινε.

ᾄδωνは動詞ᾄδω「歌う」の現在分詞で、男性単数主格です。もちろん先行するὁ φίλος「友人」に一致しています。ἔβαινεはβαίνω「歩く、進む」の未完了過去3人称単数です。
　　hostēs oppidum subactūrī invāsērunt.
　　οἱ πολέμιοι τὸ ἄστυ κρατήσοντες εἰσέβαλον.

　hostēs, πολέμιοιは、それぞれ第三変化名詞hostis、第二変化名詞πολέμιοςの複数主格です。中性名詞oppidumとἄστυ「町」はここでは対格と考えましょう。subactūrīとκρατήσοντεςはsubigō, -ere (sub「下に」+ agō「駆り立てる」)、

κρατέω（κρατῶ）の未来能動分詞です。最後にinvāsērunt と εἰσέβαλον は動詞 invādō, -ere と εἰσβάλλω「侵入する」の、それぞれ完了、そしてアオリストの3人称複数です。「敵たちは町を制圧しようと侵入した」という意味です。このように文中のなんらかの名詞句に結びつく分詞構文を接合分詞と呼びます。

能相欠如動詞の中動・受動分詞は能動として用いられます。ラテン語（この場合は完了受動分詞ですが）についても同様です。

  dux mīlitēs *hortātus* profectus est.　将軍は兵士たちを励ましてから出発した。
  ὁ οἰκέτης τὴν δεσπότην ἑπόμενος εἰς ἄστυ ἔρχεται.　召使いは主人に同行して町に行く。

duxは第三変化名詞dux, ducis「将軍（本来は「導く人」の意）」、mīlitēs も第三変化名詞mīles, -litisで複数対格です。hortātusは能相欠如動詞hortor, -ārī「励ます」の完了受動分詞で、主語のduxに一致しています。profectus もまた能相欠如動詞proficīscor, -ī「出発する」で、完了分詞の形です。後続するestとともに完了を表しています。

ギリシア語の方は、いずれも第一変化名詞のὁ οἰκέτης「召使い」とδεσπότην「主人」のそれぞれ主格と対格で、前者は文全体の主語、後者は後続する能相欠如動詞ἕπομαι「同行する」の現在分詞ἑπόμενοςの直接目的語となっています。ἔρχεταιは同じく能相欠如動詞ἔρχομαιの3人称単数の現在形です。

独立奪格と独立属格

さて、この課の冒頭の例文「春が近づくと、多くの花が咲く」のラテン語とギリシア語で解説していきます。ラテン語にもギリシア語にも「～するとき」を表すquandō, ὅτε という接続詞があり、

  quandō vēr appropinquat, multī flōrēs flōrent.
  ὅτε τὸ ἔαρ προσέρχεται, πολλὰ ἄνθη ἀνθεῖ.

などと言うことができます。「春」はそれぞれ第三変化名詞のvēr, vēris と ἔαρ, -ρος、「近づく」はappropinquō, -āre と προσέρχομαι の3人称単数、「多くの」はmultus, -a, -um と πολύς, πολλή, πολύ のそれぞれ男性複数主格と中性複数主格、「花」はラテン語が男性の第三変化名詞flōs, -ōris と、ギリシア語が中性の第三変化名詞ἄνθος, -ους のそれぞれ複数主格、「咲く」はラテン語がflōreō, -ēre、ギリシア語が約音動詞ἀνθέω の、それぞれ3人称複数と単数（76ページ）です。

これに対して、「春が近づくと」の部分は、ラテン語もギリシア語も分詞を用い

た表現がしばしば見られます。しかしその場合、90ページで見た接合分詞の例と大きな違いがあります。それは分詞構文の意味上の主語である「春」が、幹となる文（主文と呼ばれます）である「多くの花が咲く」の構成要素になっていないという点です。このようなとき、その意味上の主語とそれが結びつく分詞を、ラテン語ならば奪格に、ギリシア語ならば属格にします。これを独立奪格、独立属格と呼びます。

　　vēre appropinquante, multī flōrēs flōrent.
　　τοῦ ἔαρος προσερχομένου, πολλὰ ἄνθη ἀνθεῖ.

appropinquante と προσερχομένου は、appropinquō, -āre と προσέρχομαι の現在分詞で、中性単数のそれぞれ奪格と属格です。

先の接合分詞も、独立奪格・属格も、どのように主文に結びつくかは文脈によります。例えば今回の主文をそれぞれ flōrēs nōn flōrent, ἄνθη οὐκ ἀνθεῖ と否定文にすれば「春が近づいているにもかかわらず」のようになるでしょう。

20 不定法

amāre pulchrum est. / τὸ φιλεῖν καλόν ἐστιν. 愛することは美しい。

ラテン語とギリシア語の不定法

	能　動	受　動
現　在	amāre	amārī
未　来	amātūrus esse	amātum īrī
完　了	amāvisse	amātus esse

	能　動	中　動	受　動
現　在	παιδεύειν	παδεύεσθαι	
未　来	παιδεύσειν	παιδεύσεσθαι	παιδευθήσεσθαι
完　了	πεπαιδευκέναι	πεπαιδεῦσθαι	
アオリスト	παιδεῦσαι	παιδεύσασθαι	παιδευθῆναι

　ラテン語の能動態および受動態未来の不定法は、それぞれ「未来分詞＋動詞sumの不定法現在esse」「目的分詞の対格形+īrī（不規則動詞eō「行く」の不定法現在受動態）」です。

　ギリシア語の方は、完了の能動・中動・受動、およびアオリストの能動・受動のアクセントが後ろから2番目の音節に落ちます。

ラテン語の能相欠如動詞とギリシア語の約音動詞の不定法

現　在	hortārī
未　来	hortātūrus esse
完　了	hortātus esse

　ラテン語の能相欠如動詞（形式受動相動詞）の不定法で注意するのは、未来形が例えばhortātum īrīではなく、普通の動詞の不定法未来と同じく「未来分詞＋esse」だという点です。

	能 動	中 動	受 動
現　在	(τῑμάειν) τῑμᾶν	(τῑμάεσθαι) τῑμᾶσθαι	
未　来	τῑμήσειν	τῑμήσεσθαι	τῑμηθήσεσθαι
完　了	τετῑμηκέναι	τετῑμῆσθαι	
アオリスト	τῑμῆσαι	τῑμήσασθαι	τῑμηθῆναι

　現在形能動態はα+ει→ᾳという規則に反しているように見えますが、これはειが元来εεであるためです。同じ理由で、δηλόωの不定法の現在形の能動態はδηλόεενが本来の形なので、δηλοῖνではなくδηλοῦνとなります。現在形以外の不定法は、それぞれの時制の活用した形から作ることができます。τῑμάωの未来形ならば、1人称単数はτῑμήσωなのでτῑμήσεινとすればよいわけです。

不定法を用いた構文

　不定法は基本的に「〜する（される）こと」を表し、文の主語や述語、さらには目的語の働きをします。ギリシア語では中性の定冠詞が付くことがあります。

　　amāre pulchrum est.　愛することは美しい。
　　τὸ φιλεῖν καλόν ἐστιν.

　　cantōribus canere est vīvere.　歌い手にとって歌うことは生きることだ。
　　τοῖς ᾠδοῖς τὸ ᾄδειν ἐστὶ τὸ ζῆν.
　　　ζῆνはζῶ「生きる」の不定法現在。cantōribusは、第三変化名詞cantor, -ōris「歌い手」の複数与格、vīvereは第三活用のvīvōの不定法現在です。ᾠδοῖςは第二変化名詞ᾠδός, -οῦ「歌い手」の複数与格、ᾄδεινは動詞ᾄδω「歌う」の不定法現在です。

　　canere amō.　　私は歌うことを愛する。
　　τὸ ᾄδειν φιλῶ.

　ところで、「言う」のような意味を持つ動詞を使った間接話法というものがあります。「友人は"私は歌うことが好きだ"と言った」のように発言者の言葉を直接提示するのではなく、「友人は歌うことが好きだと言った」のように「言う」を表す動詞に組み込んで表現するものです。このような場合、ラテン語もギリシア語も不定法を使います。今の日本語をラテン語とギリシア語にしてみます。

amīcus dīxit canere amāre.　　　友人は歌うことが好きだと言った。
ὁ φιλὸς ἔφησε τὸ ᾄδειν φιλεῖν.

　dīxitは第三活用動詞dīcōの完了形3人称単数です。ギリシア語のἔφησεは φημί「言う」のアオリストで3人称単数の形です。

❧ 対格＋不定法

　今の例は不定法の意味上の主語と「言う」を表す動詞の主語が同一人物でした。それに対して「母は歌うことが好きだと友人は言った」のような、主語がそれぞれ異なる場合は、不定法の意味上の主語は対格に置かれます。

amīcus dīxit *mātrem* canere amāre.
ὁ φιλὸς ἔφησε *τὴν μητέρα* τὸ ᾄδειν φιλεῖν.

　mātremとμητέραはいずれも第三変化名詞māter, -trisとμήτηρ, -τρόςの単数対格で、amāreとφιλεῖνの意味上の主語になっています。
　この構文は「言う」を表す以外に、putō, νομίζω「思う」やiubeō, κελεύω「命じる」などにもあります。

putō amīcum mox ventūrum esse.　友人が間もなくやって来ると私は思う。
νομίζω τὸν φίλον τάχα ἐλεύσεσθαι.

　ventūrumは第四活用動詞veniōの未来能動分詞で、後続するesseと共に不定法未来となっています。分詞は男性単数対格で、意味上の主語であるamīcumに一致しているのです。ギリシア語のἐλεύσεσθαιは動詞ἔρχομαι「行く、出発する」の不定法未来です（ἔρχομαιの未来形は規則的に作ることができません）。

dux iussit mīlitēs proficīscī.　将軍は兵士たちが出発するよう命じた。
ὁ στρατηγὸς ἐκέλευσε τοὺς στρατιώτας ἀπέρχεσθαι.

　iussitは第二活用のiubeō「命じる」の完了形3人称単数です。mīlitēsは第三変化名詞mīles, -litis「兵士」の複数対格形で、後続するproficīscīの主語です。そのproficīscīは能相欠如動詞proficīscorの不定法現在です。これらにそれぞれκελεύωのアオリストἐκέλευσε、στρατιώτηςの複数対格στρατιώτας、そしてἀπέρχομαιの不定法現在ἀπέρχεσθαιが対応しています。

これらの例文から分かるように、不定法の時制は「言う」「思う」「命じる」といった本動詞に対して、「同時」なら現在形、「以後」なら未来形が用いられ、「以前」のときは次の例のようにラテン語では完了形、ギリシア語ではアオリストが選ばれます。
　　amīcus dīxit patrī scrīpsisse.　友人は、父に手紙を書いたと言った。
　　ὁ φίλος ἔφησε τῷ πατρὶ γράψαι.

　もうひとつ例を見てみましょう。
　　Pūblius dīcit amīcum sibi nōn crēdere.

　dīcit は dīcō, -ere の3人称単数現在です。amīcum は第二変化名詞 amīcus「友人」の単数対格です。sibi は11課で見た3人称の人称代名詞の与格形で、不定法現在の形で現われている第三活用動詞 crēdō「信じる、思う」が要求しています。ここで問題なのは sibi が誰であるか、ということです。sibi はもちろん再帰ですから、本来は不定法構文中の意味上の主語、すなわち amīcum に帰ります。そうなると「プーブリウスは、友人が自分で自分を信じないでいる、と言っている」という意味になります。しかし、同時に不定法構文を飛び越えて主文の主語に帰っていくと解釈することもできます。その場合「プーブリウスは、友人が自分（プーブリウス）のことを信じないと言っている」という意味です。後者の用法を「間接再帰」と呼びます。この間接再帰は、ギリシア語の再帰代名詞（11課）でも見られます。
　　Φίλιππος φησὶ τὸν φίλον ἑαυτῷ οὐ πιστεύειν.
　　ピリッポスは、友人は自分で自分のことを信じないと言う。（直接再帰）
　　ピリッポスは、友人が自分のことを信じてくれないと言う。（間接再帰）

　ところで、11課で見た3人称の人称代名詞はこうした間接再帰に用いられることが多いです。
　　Φίλιππος φησι τὸν φίλον οἷ οὐ πιστεύειν.
　　ピリッポスは、友人が自分のことを信じてくれないと言う。

21 非人称表現

decet verēcundum esse adolēscentem.
πρέπει σώφρονα εἶναι τὸν νεᾱνίᾱν.

若者は慎ましいのがよい。

非人称表現とは

　ラテン語にしてもギリシア語にしても、ある動詞を活用させると、そこには必ずその動詞が表す行為や動作などを引き起こす主体が表現されます。それが1人称単数なら「私」であり、2人称単数なら「あなた」です。このように、動詞が活用すると人称が明示されるので、そうした動詞を含む文は「人称文」と呼ばれます。一方、そうした動作主体の存在を想定しない表現を「非人称文」と言われます。例えば天候について言う表現を挙げることができます。

　　pluit. / ὕει.　　雨が降る（降っている）。
　　ningit. / νείφει.　雪が降る（降っている）。

　このように非人称として扱われる動詞は3人称単数が用いられます。ただし、ギリシア語の方は例えば「神」を主語にして、θεὸς ὕει. / νείφει. のように人称文で表すこともできます。

その他の非人称動詞

　ラテン語はさらに、miseret「哀れだ」、piget「腹が立つ」、pudet「恥ずかしい」、paenitet「後悔している」、taedet「嫌だ」といった感情を表す一連の動詞や、libet「好ましい」、licet「許されている」、decet「ふさわしい」、dēdecet「ふさわしくない」、oportet「～ねばならない」などがあります。感情を表す非人称の場合、感情を抱く主体は対格で、感情を抱く対象は属格の名詞（代名詞なら中性単数対格）や不定法で表されます。

　　decet verēcundum esse adolēscentem.
　　若者は慎ましいのがよい。(verēcundus, -a, -um「慎ましい」、adolēscēns, -entis「若者」)

　libetとlicetは「～に（与格）...は好ましい、許されている」という構文をとります。不定法が現われることもあります。「～に」を持たずに「対格＋不定法」(95ページ)が用いられる例も見られます。

nōbīs nōn libet fugere.
私たちにとって逃げることは好ましくない。(fugiō,-ere「逃げる」)
vōs hinc abīre licet.
あなたたちはここから立ち去ってよい。(hinc「ここから」、abeō, -ire「去る」)

decet, dēdecet, oportetは主に不定法を従えます。
tē mihi īrāscī nōn decet.　君は私に怒るものではない。(īrāscor, -ī「怒る」)
mē id facere oportet.　私はそれをしなければならない。
　　　　　　　　　　　(id → 11,14課、faciō, -ere「作る、行なう」)

一方、ギリシア語の非人称で用いられる動詞は以下のようなものがあります。
・δεῖ「必要である、〜ねばならない」：対格＋不定法が用いられます。
　　δεῖ ἡμᾶς ἀεὶ μετρίους εἶναι.　私たちは常に節度を持っていなくてはならない。
　　　　　　　　　　　(ἡμᾶς → 11課、μέτριος, -η, -ον「節度のある」)
・ἔξεστι「許されている、可能である」：
　与格（〜にとって）＋不定法、あるいは対格＋不定法を用います。
　　ἔξεστί σοι（または対格でσε）ἔρχεσθαι.　君は行ってもよい。
　　　　　　　　　　　　　　　　　(ἔρχομαι「行く、来る」)
・πρέπει「ふさわしい、しかるべきである」：
　与格（〜にとって）＋不定法、あるいは対格＋不定法を用います。
　　πρέπει ὑμῖν（またはὑμᾶς）καλὰς ᾠδὰς ᾄδειν.
　　君たちは美しい歌を歌うのがふさわしい。
・προσήκει「関係がある、ふさわしい、当然である」：
　与格（〜にとって）＋不定法や対格＋不定法を用います。
　　αὐτῷ ὀργίζεσθαι προσήκει.　彼が怒るのも当然だ。(ὀργίζω「怒らせる」)
・δοκεῖ「〜と思われる」：
　与格（〜にとって）＋不定法を用います。
　　ταῦτά μοι δοκεῖ εἶναι ἀγαθά.　それらは私にはよいことだと思われる。

　この課の冒頭のラテン語は、古代ローマの喜劇作家Plautus（前254〜前184）のAsinaria『ロバ物語』（833行）に出てくる台詞で、それをギリシア語にしたものを併記しました。σώφροναはσώφρων, -ον「慎ましい」の男性単数対格で、後続する第一変化名詞νεᾱνίᾱν（単数主格はνεᾱνίᾱς）に一致しています。

ラテン語の非人称受動

　例えば pūgnō は「私は戦う」であり、すでに行為の主体が明示されています。pūgnās なら戦うのは 2 人称単数で表されている「あなた」です。このように、その行為を引き起こすものが人称によって示されている文を「人称文」と言います。

　ところで、誰が戦うというのではなく、「戦いがある」「戦いが起こる」と言いたいとき、ラテン語は 3 人称単数の受動態の形を用います。

　　　pūgnātur.

　この文は「戦い」という出来事の生起のみを伝えているのであって、そこに関与する行為者は表されていません。行為の主体が明示されていないので「非人称文」だということになります。この構文は、文脈などから行為者が明らかな場合、あるいは行為者の存在が情報的に重要な価値を持たない場合などによく現われます。

22 ラテン語の第四・第五変化名詞とギリシア語の-μι動詞

> manus manum fricat, et manus manum lavat.
> 手は手を擦り、手は手を洗う。
> φησὶ ἡ παροιμία παλίμπαιδας τοὺς γέροντας γίγνεσθαι.
> 老人は再び子供になる、と諺は言う。

❦ ラテン語の第四・第五変化名詞

ラテン語には第四および第五変化名詞があります。まず第四変化名詞から見ていきます。

manus *f.* 手

	単数	複数
主・呼	manus	manūs
属	manūs	manuum
与	manuī（あるいは manū）	manibus
対	manum	manūs
奪	manū	manibus

genū *n.* 膝

	単数	複数
主・呼	genū	genua
属	genūs	genuum
与	genū (-uī)	genibus
対	genū	genua
奪	genū	genibus

第四変化名詞には男性・女性・中性の3種類の名詞があり、男性・女性はmanusのように、中性名詞はgenūのように変化します。次は第五変化名詞。

rēs *f.* 物、事

	単数	複数
主・呼	rēs	rēs
属	reī	rērum
与	reī	rēbus
対	rem	rēs
奪	rē	rēbus

diēs *m.* (*f.*) 日

	単数	複数
主・呼	diēs	diēs
属	diēī	diērum
与	diēī	diēbus
対	diem	diēs
奪	diē	diēbus

第五変化名詞は、eまたはēの前にiがなければrēsのように、iがあればdiēsのように変化します。例えば、spēs「希望」はspeī, speī, spem, spē ...、faciēs「顔」はfaciēī, faciēī, faciem, faciē ... となります。

✿ ギリシア語の -μι 動詞

　第5課でεἰμίについてはすでに見ましたが、代表形がこの-μιで終わるタイプの動詞は数こそ少ないもののとても基本的でよく使われます。ここではその主なものを見ていきます。

δίδωμι「与える」と τίθημι「置く」の現在形

		能動	中動・受動	能動	中動・受動
単数	1	δίδωμι	δίδομαι	τίθημι	τίθεμαι
	2	δίδως	δίδοσαι	τίθης	τίθεσαι
	3	δίδωσι(ν)	δίδοται	τίθησι(ν)	τίθεται
複数	1	δίδομεν	διδόμεθα	τίθεμεν	τιθέμεθα
	2	δίδοτε	δίδοσθε	τίθετε	τίθεσθε
	3	διδόᾱσι(ν)	δίδονται	τιθέᾱσι(ν)	τίθενται
双	2/3	δίδοτον	δίδοσθον	τίθετον	τίθεσθον
不定法		διδόναι	δίδοσθαι	τιθέναι	τίθεσθαι

　-μι動詞と-ω動詞は現在形、未完了過去形、そして第二アオリストで形態が異なります。例えば-ω動詞であれば、人称語尾の前に、μまたはνが後続するなら-o-、それ以外なら-ε-（παιδεύ-ο-μεν, παιδεύ-ε-τε など）という母音が入りますが、-μι動詞は直接、人称語尾が付きます。

　この課の冒頭に挙げたラテン語とギリシア語はそれぞれ、哲学者Seneca（前27～後68）と悲劇詩人Εὐριπίδης（前480頃～前406頃）によるものです。fricatとlavatはいずれも第一活用fricō「擦る」、lavō「洗う」の3人称単数現在で、「互いに助け合う」という意味です。φησίはφημί「言う」の3人称現在、第一変化名詞παροιμίαは「諺」、παλίμπαιδαςは第三変化παλίμπαις「再び子供となった者」（πάλιν「再び、逆に」＋παῖς, παιδός「子供」）、γέρονταςは第三変化形容詞γέρων, -ον「老いた」の男性複数対格で、名詞として使われています。

δίδωμι と τίθημι の未完了過去形

		能動	中動・受動	能動	中動・受動
単数	1	ἐδίδουν, -ων	ἐδιδόμην	ἐτίθην	ἐτιθέμην
単数	2	ἐδίδους, -ως	ἐδίδοσο, -δου	ἐτίθεις, -ης	ἐτίθεσο, -θου
単数	3	ἐδίδου, -ω	ἐδίδοτο	ἐτίθει, -η	ἐτίθετο
複数	1	ἐδίδομεν	ἐδιδόμεθα	ἐτίθεμεν	ἐτιθέμεθα
複数	2	ἐδίδοτε	ἐδίδοσθε	ἐτίθετε	ἐτίθεσθε
複数	3	ἐδίδοσαν	ἐδίδοντο	ἐτίθεσαν	ετίθεντο
双数	2	ἐδίδοτον	ἐδίδοσθον	ἐτίθετον	ἐτίθεσθον
双数	3	ἐδιδότην	ἐδιδόσθην	ἐτιθέτην	ετιθέσθην

「～である」「～がある」を意味する εἰμί の現在形と未完了過去はすでに見ましたが、未来形も含めてもう一度載せておきます。

		現在	未完了過去	未来
単数	1	εἰμί	ἦν, ἦ	ἔσομαι
単数	2	εἶ	ἦσθα	ἔσει, ἔσῃ
単数	3	ἐστί(ν)	ἦν	ἔσται
複数	1	ἐσμέν	ἦμεν	ἐσόμεθα
複数	2	ἐστέ	ἦστε, ἦτε	ἔσεσθε
複数	3	εἰσί(ν)	ἦσαν	ἔσονται
双数	2	ἐστόν	ἦστον, ἦτον	ἔσεσθον
双数	3	ἐστόν	ἦστην, ἦτην	ἔσεσθον

εἰμί はこの3つの時制しか持っていません。また、現在形では2人称単数以外はすべて前接辞として振る舞います。未来形は中動態の形です。

この他に、ἵημι「放つ」、ἵστημι「立てる」、εἶμι「行く」、φημί「言う」などの -μι 動詞があります。

23 接続法

dum vīvimus, vīvāmus. / ἕως ζῶμεν, ζῶμεν. 生きている間は生きようではないか。

　ラテン語にもギリシア語にも、話者、あるいは語り手の主観的な判断や感情が伴うさいに用いる動詞の変化系列があり、一般に「接続法」と呼ばれています。それに対して、これまで学んできた動詞の活用形は「直説法」と呼ばれ、客観的な事実を伝えるときの形です。ラテン語には「現在形」「未完了過去形」「完了形」「過去完了形」の能動態と受動態が、そしてギリシア語には「現在形」「完了形」「アオリスト」の能動態、中動態、そして受動態があります。

ラテン語の接続法現在能動態

		amō	videō	regō	capiō	audiō
単数	1	amem	videam	regam	capiam	audiam
	2	amēs	videās	regās	capiās	audiās
	3	amet	videat	regat	capiat	audiat
複数	1	amēmus	videāmus	regāmus	capiāmus	audiāmus
	2	amētis	videātis	regātis	capiātis	audiātis
	3	ament	videant	regant	capiant	audiant

　人称語尾の前の母音が、第一活用では -e- または -ē-、それ以外では -a- または -ā- となっているのが特徴です。基本的に、これら能動態の語尾を受動態のそれにする（かつ3人称単数は語尾の直前の母音が長くなります）ことで接続法現在の受動態が得られます。巻末の変化表で確認してみてください。

　この作り方で接続法現在を得られない動詞がいくつかあります。それはsum「〜である」「〜がある」とvolō「望む」およびその派生動詞nōlō「望まない」、mālō「むしろ〜の方を望む」です。これらは不規則動詞で、その変化形の詳細は巻末の変化表をご覧ください。

		sum	volō	nōlō	mālō
単数	1	sim	velim	nōlim	mālim
	2	sīs	velīs	nōlīs	mālīs
	3	sit	velit	nōlit	mālit
複数	1	sīmus	velīmus	nōlīmus	mālīmus
	2	sītis	velītis	nōlītis	mālītis
	3	sint	velint	nōlint	mālint

❀ ギリシア語の接続法現在能動態および中動態

		能動態	中動態
単	1	παιδεύω	παιδεύωμαι
	2	παιδεύῃς	παιδεύῃ
数	3	παιδεύῃ	παιδεύηται
複	1	παιδεύωμεν	παιδευώμεθα
	2	παιδεύητε	παιδεύησθε
数	3	παιδεύωσι(ν)	παιδεύωνται
双	2/3	παιδεύητον	παιδεύησθον

　大まかに言えば、直説法では短かった語尾の直前の母音が長くなる、と考えておくとよいでしょう。受動態は中動態と同じ形になります。

❀ ラテン語の接続法未完了過去能動態および受動態

		能動態	受動態
単	1	amārem	amārer
	2	amārēs	amārēris
数	3	amāret	amārētur
複	1	amārēmus	amārēmur
	2	amārētis	amārēminī
数	3	amārent	amārentur

　ラテン語の接続法未完了過去は能動態も受動態も「不定法現在能動態＋人称語尾」と覚えておけばよいでしょう。つまりamōなら「amāre＋人称語尾」ということです。

❀ ラテン語の接続法完了能動態および受動態

		能動態	受動態
単	1	amāverim	amātus, -a, -um　sim
	2	amāveris	amātus, -a, -um　sīs
数	3	amāverit	amātus, -a, -um　sit
複	1	amāverimus	amātī, -ae, -a　simus
	2	amāveritis	amātī, -ae, -a　sītis
数	3	amāverint	amātī, -ae, -a　sint

　ラテン語の接続法完了能動態は、「完了幹＋sumの直説法未来」と覚えておくとよいでしょう。ただし1人称単数と3人称複数はそれぞれ -erō, -eruntではなく、-erim, -erisという形です（もっともこちらの形の方が規則的なのでかえって覚えやすいかも知れません）。ここで注意したいのは、1人称単数以外では、「接続

法完了と直説法未来完了の能動態は同形になってしまう」ということです。

一方、受動態の方は直説法完了受動態の作り方が参考になります。「完了受動分詞 + sum の直説法現在」でした。この sum を接続法現在にすればよいわけです。

ギリシア語の接続法完了能動態および中動態・受動態

		能動態	中動態・受動態
単	1	πεπαιδεύκω	πεπαιδευμένος, ... ὦ
	2	πεπαιδεύκῃς	πεπαιδευμένος, ... ᾖς
数	3	πεπαιδεύκῃ	πεπαιδευμένος, ... ᾖ
複	1	πεπαιδεύκωμεν	πεπαιδευμένοι, ... ὦμεν
	2	πεπαιδεύκητε	πεπαιδευμένοι, ... ἦτε
数	3	πεπαιδεύκωσι(ν)	πεπαιδευμένοι, ... ὦσιν
双	2/3	πεπαιδεύκητον	πεπαιδευμένω, ... ἦτον

ギリシア語の接続法完了の作り方も容易です。能動態は、接続法現在に完了のしるしである畳音を施し、-κ- を加えるだけです。受動態の作り方はラテン語のそれと同じで、「完了中動分詞 + εἰμί の接続法現在」です。εἰμί の接続法現在は初めて出てきましたが、ここで覚えてしまいましょう。

ラテン語の接続法過去完了能動態および受動態

		能動態	受動態
単	1	amāvissem	amātus, -a, -um　essem
	2	amāvissēs	amātus, -a, -um　essēs
数	3	amāvisset	amātus, -a, -um　esset
複	1	amāvissēmus	amātī, -ae, -a　essēmus
	2	amāvissētis	amātī, -ae, -a　essētis
数	3	amāvissent	amātī, -ae, -a　essent

ラテン語の接続法過去完了の作り方も容易です。能動態は「不定法完了＋人称語尾」です。不定法完了は「完了幹＋isse」で作りました。受動態の方は、完了形の時には接続法現在だった sum を、今度は接続法未完了過去にします。sum の未完了過去は初めて出てきましたが、「不定法現在＋人称語尾」の規則通りに作ることができます。直説法の過去完了受動態は「完了受動分詞＋sum の直説法未完了過去」でしたね。

ギリシア語の接続法アオリスト能動態、中動態、受動態

		能動態	中動態	受動態
単数	1	παιδεύσω	παιδεύσωμαι	παιδευθῶ
	2	παιδεύσῃς	παιδεύσῃ	παιδευθῇς
	3	παιδεύσῃ	παιδεύσηται	παιδευθῇ
複数	1	παιδεύσωμεν	παιδευσώμεθα	παιδευθῶμεν
	2	παιδεύσητε	παιδεύσησθε	παιδευθῆτε
	3	παιδεύσωσι(ν)	παιδεύσωνται	παιδευθῶσι(ν)
双	2/3	παιδεύσητον	παιδεύσησθον	παιδευθῆτον

　ギリシア語の接続法アオリストは加音をとらない点に注意してください。能動態と中動態は接続法現在にアオリストのしるしである -σ- を加えることで得られます。受動態は、語尾が能動態のそれと同じです。

接続法の使い方

　上述のように、接続法は話者あるいは書き手の価値判断が入ってきます。
　例えば、次のように直説法で言えば、相手が何をしているのか、単に尋ねていると解釈できます。
　　quid facitis ?
　　τί ποιεῖτε ;

　quidとτίは疑問代名詞で「何を」、facitisとποιεῖτεは、それぞれfaciō（第三活用（b））と約音動詞ποιέω - ποιῶの直説法現在2人称複数です。
　しかし下のように接続法にすると、「我々はどうしたらよいというのか」のように、話者の感情が込められています。
　　quid faciāmus ?
　　τί ποιήμεν ;

　また、2人称にして、さらにラテン語なら完了、ギリシア語ならアオリストにすると「しゃべるな」という意味です。
　　nē locūtus sīs.
　　μὴ λέξῃς.

loqūtus sīs は loquor「話す」の接続法完了です。能相欠如動詞（17 課）なので「完了受動分詞 + sum」という、あたかも受動態の完了形のような姿をとっています。λέξῃς は、λέγω の接続法アオリスト 2 人称単数です。λέγ-σ-ῃς が λέκ-σ-ῃς となった結果です。また、このように否定の命令、つまり禁止のときの否定辞は nōn や οὐ ではなく、それぞれ nē と μή が用いられます。

　1 人称では「勧奨」を表します。「～しよう」ということです。
　　eāmus.
　　ἴωμεν.

　それぞれ、eō と εἶμι「行く」の 1 人称複数です。「さあ行こう」という意味です。

　この課の冒頭のラテン語は、典拠こそ定かではありませんがしばしばいろいろなところで引き合いに出されることばです。命には限りがあるので、生きられる間はその生を精一杯享受しようという意味です。第三活用(b) の vīvō が 2 回出てきますが、最初は直説法現在、そして 2 回めの方が接続法現在になっています。これをギリシア語にするとその隣のようになるでしょう。ζῶ が「生きる」という意味です。この動詞も約音動詞で本来は ζάω という形なのですが、すでに見た τῑμῶ（τῑμάω）とは異なり、2 人称および 3 人称単数と 2 人称複数、さらに双数では、ζῇς（または ζῆς）、ζῇ（または ζῆ）、ζῆτε、そして ζῆτον のように、ᾱ ではなく η が現われます。さらに接続法現在はこれら直説法現在と同形になります（したがってギリシア語の方は「私たちは生きる間は生きるのだ」と解釈することもできるでしょう）。

24 ギリシア語の希求法

μὴ ὕοι. 雨が降らないとよいのだが。

　ギリシア語は願望を表すときに用いる動詞の形を持っています。それを「希求法」と呼び、現在、未来、アオリスト、完了、未来完了の5つの時制があります。ラテン語は前の課で見た接続法を使ってこうした内容を表します。

ギリシア語の希求法現在

		能動態	中動態
単数	1	παιδεύοιμι	παιδευοίμην
	2	παιδεύοις	παιδεύοιο
	3	παιδεύοι	παιδεύοιτο
複数	1	παιδεύοιμεν	παιδευοίμεθα
	2	παιδεύοιτε	παιδεύοισθε
	3	παιδεύοιεν	παιδεύοιντο
双数	2	παιδεύοιτον	παιδεύοισθον
	3	παιδευοίτην	παιδευοίσθην

　希求法現在の幹母音は -o- のみで、直説法現在に見られるような -ε- (παιδεύ-ε-τε) がないことと、希求法のしるしである -ι- という母音が語尾の前に現われるのが特徴です。3人称単数能動態では語末の -οι は例外的に「長い」とみなすため、直前の -ευ- にアクセントが来ています。

ギリシア語の希求法未来

		能動態	中動態	受動態
単数	1	παιδεύσοιμι	παιδευσοίμην	παιδευθησοίμην
	2	παιδεύσοις	παιδεύσοιο	παιδευθήσοιο
	3	παιδεύσοι	παιδεύσοιτο	παιδευθήσοιτο
複数	1	παιδεύσοιμεν	παιδευσοίμεθα	παιδευθησοίμεθα
	2	παιδεύσοιτε	παιδεύσοισθε	παιδευθήσοισθε
	3	παιδεύσοιεν	παιδεύσοιντο	παιδευθήσοιντο
双数	2	παιδεύσοιτον	παιδεύσοισθον	παιδευθήσοισθον
	3	παιδευσοίτην	παιδευσοίσθην	παιδευθησοίσθην

未来形の能動態および中動態は、語幹παιδεύ-のあとに-σ-を挿入して、それぞれの語尾を付せば得られます。

ギリシア語の希求法アオリスト

		能動態	中動態	受動態
単数	1	παιδεύσαιμι	παιδευσαίμην	παιδευθείην
	2	παιδεύσαις, -σειας	παιδεύσαιο	παιδευθείης
	3	παιδεύσαι, -σειε(ν)	παιδεύσαιτο	παιδευθείη
複数	1	παιδεύσαιμεν	παιδευσαίμεθα	παιδεθείημεν, -θεῖμεν
	2	παιδεύσαιτε	παιδεύσαισθε	παιδευθείητε, -θεῖτε
	3	παιδεύσαιεν, -σειαν	παιδεύσαιντο	παιδευθείησαν, -θεῖεν
双数	2	παιδεύσαιτον	παιδεύσαισθον	παιδεθείητον, -θεῖτον
	3	παιδευσαίτην	παιδευσαίσθην	παιδευθειήτην, -θείτην

アオリストの能動態と中動態は例によって語幹のあとに-σ-を入れ、現在形の-οι-を-αι-に替えることで作ることができます。このとき、3人称単数能動態の-αιもまた、例外的に長いとみなされ、παιδεύσαιというアクセントになります。アオリストの2人称単数、3人称単数、そして3人称複数にはπαιδεύσειας, παιδεύσειε, παιδεύσειανという別形があり、実はこれらの方がよく用いられます。「アイオリス希求法」と呼ばれます。

ギリシア語の希求法完了および中動態未来完了

		能動態	中動態	未来完了
単数	1	πεπαιδεύκοιμι	πεπαιδευμένος εἴην	πεπαιδυσοίμην
	2	πεπαιδεύκοις	πεπαιδευμένος εἴης	πεπαιδεύσοιο
	3	πεπαιδεύκοι	πεπαιδευμένος εἴη	πεπαιδεύσοιτο
複数	1	πεπαιδεύκοιμεν	πεπαιδευμένοι εἴημεν, εἶμεν	πεπαιδευσοίμεθα
	2	πεπαιδεύκοιτε	πεπαιδευμένοι εἴητε, εἶτε	πεπαιδεύσοισθε
	3	πεπαιδεύκοιεν	πεπαιδευμένοι εἴησαν, εἶεν	πεπαιδεύσοιντο
双数	2	πεπαιδεύκοιτον	πεπαιδευμένω εἴητον, εἶτον	πεπαιδεύσοισθον
	3	πεπαιδευκοίτην	πεπαιδευμένω εἰήτην, εἴτην	πεπαιδευσοίσθην

完了の能動態は、現在形に畳音を施し、語幹のあとに -κ- を挿入します。中動態は「完了中動分詞 + εἰμί の希求法現在」です。

希求法の使い方

その名の示す通り、願望を表します。
　μὴ ὕοι．　雨が降らないとよいのだが。

ὕοι は動詞 ὕει「雨が降る」の 3 人称単数の希求法現在で、非人称的に使っています。否定は μή が用いられます。ちなみにラテン語では同じ内容を、前の課で見た接続法で表します。ラテン語で「雨が降る」は非人称動詞の pluit を用います。第三活用なので、接続法現在にすると以下の形になります。
　nē pluat．

また、願望を表すさいには、多くの場合 εἰ γάρ や εἴθε が文頭に置かれます。
　εἰ γὰρ εὐδαίμονες εἴημεν（あるいは εἶμεν）．　我々が幸せでありますように。

εὐδαίμονες は形容詞 εὐδαίμων, -ων, -ον「幸せな」の男性または女性複数主格で、εἴημεν または εἶμεν は εἰμί の希求法現在 1 人称複数です。ラテン語で言うとすると、次のようになるでしょう。
　utinam fēlīcēs sīmus．

utinam というのは、やはり願望を表すときの導入の役割を果たす語です。fēlīcēs は第三変化形容詞 fēlīx, -cis の男性または女性複数主格、sīmus は前の課で見た sum の接続法現在 1 人称複数です。

25 比較級と最上級

haec puella canit melius quam illa. / ἥδε κόρη ᾄδει ἄμεινον ἢ ἐκείνη.
この少女はあの少女より上手に歌う。

ここではラテン語とギリシア語の比較級と最上級の作り方、そしてその使い方を見ていきます。

ラテン語の形容詞の比較級と最上級の作り方

ごくわずかの例外を除いて、男性単数属格の形からその語尾を取り、

比較級ならば　-ior(*m.* / *f.*), -ius(*n.*)
最上級ならば　-issimus, -a, -um

を付けます。第一・第二変化のalbus, -a, -um「白い」ならば、

	比較級	最上級
alb-ī	albior, -ius	albissimus, -a, -um

第三変化のfēlīx, -cis「幸せな」ならば、

	比較級	最上級
fēlīc-is	fēlīcior, -ius	fēlīcissimus, -a, -um

となります。最上級については、ひとつだけ注意があります。男性単数主格がpulcher, -chra, -chrum「美しい」のように-erで終わっているものや、facilis, -e「容易な」のように-ilisで終わっているものは、*pulchrissimus, *facilissimusではなく、それぞれ以下のようになります。

　　pulcherrimus, -a, -um
　　facillimus, -a, -um

比較級の格変化は次の通りです。子音幹の第三変化形容詞vetus, veteris（47ページ）と同じ変化をします。

111

albior, -ius「より白い」の格変化

	単 数 男・女	単 数 中	複 数 男・女	複 数 中
主・呼	albior	albius	albiōrēs	albiōra
属	albiōris		albiōrum	
与	albiōrī		albiōribus	
対	albiōrem	albius	albiōrēs	albiōra
奪	albiōre		albiōribus	

ラテン語の不規則な比較級と最上級

ラテン語の比較級と最上級には、上記の作り方にあてはまらない、いくつかの例外があります（ただし語尾は規則的です）。

		比較級	最上級
bonus	「よい」	melior, -ius	optimus, -a, -um
malus	「悪い」	pēior, -ius	pessimus, -a, -um
magnus	「大きい」	māior, -ius	maximus, -a, -um
parvus	「小さい」	minor, minus	minimus, -a, -um
multī	「多い」	plūrēs, plūra	plūrimī, -ae, -a
vetus	「古い」	vetustior, -ius	veterrimus, -a, -um
iuvenis	「若い」	iūnior	minimus nātū
senex	「老いた」	senior	maximus nātū

ギリシア語の形容詞の比較級と最上級の作り方

ギリシア語の形容詞は、その多くが語幹に -τερος、-ᾱ、-ον を付けることで比較級を、-τατος, -η, -ον を加えると最上級を得ることができます。この語尾から分かるように、いずれも第一・第二変化です。

	比較級	最上級
δῆλος, -η, -ον「明らかな」(語幹 δηλο-)	δηλότερος, -ᾱ, -ον	δηλότατος, -η, -ον
ἀληθής, -ές「真実の」(語幹 ἀληθεσ-)	ἀληθέστερος, -ᾱ, -ον	ἀληθέστατος, -η, -ον

男性単数主格が -ος で終わる第一・第二変化で、後ろから 2 つ目の母音が短く、かつその後が短い母音か一つの子音であれば、この -ος の ο が長くなります。

	比較級	最上級
σοφός「賢い」（語幹 σοφο-）	σοφώτερος	σοφώτατος
ἄξιος「価値のある」（語幹 ἀξιο-）	ἀξιώτερος	ἀξιώτατος

また、男性単数主格が -υς, -ος で終わる形容詞のうち、-ῑων(男・女)、-ῑον(中) で比較級を、-ιστος, -η, -ον で最上級を作るものがあります。比較級は第三変化、最上級は第一・第二変化です。

	比較級	最上級
ἡδύς, -εῖα, -ύ「甘い」	ἡδίων, ἥδῑον	ἥδιστος, ἡδίστη, ἥδιστον
κακός, -ή, -όν「悪い」	κακίων, κάκῑον	κάκιστος, κακίστη, κάκιστον

ἡδίων, ἥδῑον「より甘い」の比較級の格変化

		男・女	中
単数	主	ἡδίων	ἥδῑον
	呼	ἥδῑον	ἥδῑον
	属	ἡδίονος	
	与	ἡδίονι	
	対	ἡδίονα (ἡδίω)	ἥδῑον
複数	主・呼	ἡδίονες (ἡδίους)	ἡδίονα (ἡδίω)
	属	ἡδῑόνων	
	与	ἡδίοσι(ν)	
	対	ἡδίονας (ἡδίους)	ἡδίονα (ἡδίω)
双数	主・呼	ἡδίονε	
	属・与	ἡδῑόνοιν	
	対	ἡδίονε	

男女の単数および複数対格と、中性複数主格・対格は括弧内にあるように、語幹 ἡδίοσ- に由来する別形があります。

❧ ギリシア語の不規則な比較級と最上級

ラテン語と同じように、ギリシア語にも不規則な比較級と最上級が若干あります。

	比較級	最上級
ἀγαθός, -ή, -όν「よい」	ἀμείνων, ον	ἄριστος, -η, -ον
καλός, -ή, -όν「美しい」	καλλίων, -ον	κάλλιστος, -η, -ον
μέγας, μεγάλη, μέγα「大きい」	μείζων, -ον	μέγιστος, -η, -ον
πολύς, πολλή, πολύ「多い」	πλέων*, -ον	πλεῖστος, -η, -ον

*πλείων という形もあります。

❧ 副詞の比較級と最上級

ラテン語もギリシア語も、副詞の比較級は、形容詞の比較級の中性単数対格の形が兼ねます。副詞の最上級は、ラテン語であれば形容詞の最上級の語尾 -us, -a, -um を -ē に変えます。ギリシア語は形容詞の最上級の中性複数対格の形を用います。

	比較級	最上級
albus 「白い」	albius	albissimē
δῆλος「明らかな」	δηλότερον	δηλότατα

❧ 比較級と最上級の使い方

比較級を用いた表現は、ラテン語もギリシア語も 2 通りあります。

(1) 比較の対象を、ラテン語ならば奪格に、ギリシア語ならば属格に置く。

　　haec puella canit melius illā.
　　ἥδε ἡ κόρη ᾄδει ἄμεινον ἐκείνης.
　　こちらの少女の方があちらよりも上手に歌う。

　haec, illā, ἥδε, ἐκείνης → 14課
　canō, -ere, ᾄδω：「歌う」
　melius, ἄμεινον：それぞれ形容詞 bonus, ἀγαθός「よい」の比較級の中性単数対格で、副詞の比較級として振る舞う

(2) 比較の対象を、ラテン語ならば quam、ギリシア語ならば ἤ の後に置く。その際、比較の対象は比較されるものと同じ格に置かれる。

　　haec puella canit melius *quam illa*.
　　ἥδε ἡ κόρη ᾄδει ἄμεινον *ἢ ἐκείνη*.

(1)では奪格と属格に置かれていたのが、ここでは haec puella、ἥδε ἡ κόρη に合わせて illa、ἐκείνη と主格になっています。

最上級では、「〜の中で」を表す場合、ラテン語もギリシア語も属格が用いられます。ラテン語は前置詞 ex や inter で表すこともあります。

 sapientissimus omnium 全ての人々の中で最も賢い者
 ὁ σοφώτατος πάντων

  sapientissimus：第三変化形容詞 sapiēns, -entis「賢い」の最上級
  omnium：第三変化形容詞 omnis, -e「全ての」の男性複数属格
  σοφώτατος：第一・第二変化形容詞 σοφός, -ή, -όν「賢い」の最上級
  πάντων：第一・第三変化形容詞 πᾶς, πᾶσα, πᾶν「全ての」の男性複数属格

また、ラテン語もギリシア語も最上級が「極めて」「この上なく」といった意味で用いられることがあります。このときギリシア語は定冠詞をとりません（ラテン語は比較級でも「かなりの」を表すことがあります）。

 mōns altissimus この上なく高い山
 ὄρος ὑψηλότατον

  mōns, montis：第三変化の男性名詞で「山」
  altissimus：第一・第二変化形容詞 altus, -a, -um「高い、深い」の最上級
  ὄρος, -ους：第三変化の中性名詞で「山」
  ὑψηλότατον：第一・第二変化形容詞 ὑψηλός, -ή, -όν「高い」の最上級

26 格の特別な用法

> septem diēs ibi manuērunt. / ἑπτὰ ἡμέρᾱς ἐκεῖ ἔμειναν.
> 彼らは7日間そこに留まった。

　ラテン語とギリシア語の格の主な使い方については、すでにここまで読み進めてきたみなさんはしっかり身についていることと思います。ここでは、さらに細かい用法を見ていきます。

属格

　ラテン語でもギリシア語でも、価格を表す場合には属格が用いられます。

　　quantī hunc librum vendis？　君はこの本をいくらで売るのか。

　　πόσου τήνδε τὴν βίβλον πωλεῖς;

　　　quantī：形容詞 quantus, -a, -um「どれほどの」の単数属格
　　　hunc：指示代名詞 hic, haec, hoc の男性単数対格
　　　librum：第二変化の男性名詞 liber, -brī「本」の単数対格
　　　vendis：第三活用動詞 vendō, -ere「売る」の2人称単数現在能動態
　　　πόσου：第一・第二変化形容詞 πόσος, -η, -ov「どれほどの」の単数属格
　　　τήνδε：指示代名詞 ὅδε, ἥδε, τόδε の女性単数対格
　　　βίβλον：第二変化女性名詞 βίβλος, -ου の単数対格
　　　πωλεῖς：約音動詞 πωλέω, -ῶ「売る」の2人称単数現在能動態

　また、ギリシア語では「～の間に」といった時間的な範囲を表すことがあります。

　　τῆς νυκτός　その夜の間に　　　νυκτός：第三変化名詞 νύξ「夜」の単数属格

与格と奪格

　第2課で見たように、ラテン語の奪格のうち、「分離」を表す用法はギリシア語の属格が、そして「手段および随伴」と「時」は与格が引き受けています。そこでラテン語では奪格が用いられる場面で、ギリシア語ならば与格が現われることがしばしばあります。「～の点で」を表す際、ラテン語なら奪格が、ギリシア語なら与格が使われます。

　　nōmine　名前の点で

　　ὀνόματι

　　　nōmine：第三変化名詞 nōmen, -nis の単数奪格
　　　ὀνόματι：第三変化名詞 ὄνομα, ὀνόματος の単数与格

対格

ラテン語もギリシア語も、時間的な長さや、距離などの空間的な広がりは対格で表されます。

　　septem diēs ibi manuērunt.　　彼らは7日間そこに留まった。

ἑπτὰ ἡμέρᾱς ἐκεῖ ἔμειναν.

- septem：数詞「7」（格変化しません）
- diēs：第五変化名詞 diēs, -ēī「日」の複数対格
- ibi：副詞「そこに」
- manuērunt：動詞 maneō, -ēre の3人称複数完了
- ἑπτά：数詞「7」（格変化しません）
- ἡμέρᾱς：第一変化名詞 ἡμέρᾱ, -ᾱς「日」の複数対格
- ἐκεῖ：副詞「そこに」
- ἔμειναν：動詞 μένω「留まる」の3人称複数アオリスト

dux mīlia passuum tria ab hostium castrīs castra pōnit.

将軍は敵の陣営から3ローママイルのところに陣営を置く。

　　　　　　　　　　　　　　　　（1ローママイルは約1.5キロメートル）

- dux：第三変化名詞 dux, -cis
- mīlia：数詞で「千」を表す。複数対格
- passuum：第五変化名詞 passus, -ūs「歩（ほ）」の複数属格で、mīlia にかかっている（ラテン語は「3000歩」というより「歩の3000」という言い方をする）。ここでは英語の feet のように長さの単位として用いられている。
- tria：数詞 trēs, -ium で「3」を表す。mīlia に一致している。
- ab：奪格支配の前置詞で、「～から」を表す。
- hostium：第三変化名詞 hostis, -is「敵」の複数属格で、次の castrīs にかかっている。
- castrīs：第二変化名詞 castrum, -ī「陣営」の複数奪格形。前置詞 ab はこの castrīs と結びついている。次の castra は複数対格で文末の pōnit の直接目的語
- pōnit：動詞 pōnō, -ere の3人称単数現在形

ἡ πόλις σταδίους πεντήκοντα ἀπὸ τοῦ ἡμετέρου ἄστεως ἀπέχει.

その都市は我々の町から50スタディオン離れている。

　　　　　　　　　　　　　　　　（1スタディオンは約180メートル）

- πόλις：第三変化名詞 πόλις, -εως「都市」
- σταδίους：第二変化名詞 στάδιος の複数対格
- πεντήκοντα：数詞「50」（格変化しません）
- ἡμετέρου：所有形容詞 ἡμέτερος, -ᾱ, -ον「我々の」の中性単数属格で、次の ἄστεως に一致している
- ἄστεως：第三変化名詞 ἄστυ, -εως「町」の単数属格
- ἀπέχει：動詞 ἀπέχω「離れている」の3人称単数現在形

また、「〜の点で」を対格で表すことがあります。ラテン語はとくに韻文に見られ、ギリシア語法を取り入れたものであることから「ギリシア語式対格」Greek Accusativeなどと呼ばれます。

 longās compta puella comās.

 長い髪の点で飾った少女　→　長い髪がきれいな少女

  longās：第一・第二変化形容詞longus, -a, -umの女性複数対格でcomāsに一致している。
  compta：動詞comō, -ere「飾る」の過去分詞で、puellaに一致している。
  puella：第一変化名詞puella, -ae「少女」
  comās：第一変化名詞coma, -ae「髪」の複数対格

 ὁ ἄνθρωπος τὸν πόδα ἀλγεῖ.

 その人は足の点で痛みを持つ　→　その人は足が痛い。

  ἄνθρωπος：第二変化名詞ἄνθρωπος, -ου「人」
  πόδα：第三変化名詞πούς, ποδός「足」の単数対格
  ἀλγεῖ：動詞ἀλγέω, -ῶ「痛みを感じる」の3人称単数現在形

27 動形容詞

discipulī magistrō bene ēducandī sunt.
οἱ μαθηταὶ τῷ διδασκάλῳ καλῶς παιδευτέοι εἰσίν.
弟子たちは師によってよく教育されねばならない。

　ラテン語にもギリシア語にも動形容詞と呼ばれるものがあります。基本的に「～されるべき」を表し、形容詞のように名詞に付けたり、sumやεἰμίと用います。ここではその作り方と使い方を見ていきましょう。

ラテン語の動形容詞の作り方

　ラテン語の動形容詞は「現在幹から作る」とひとことで説明してしまってもよいのですが、もう少し詳しく解説すると、

　　第二活用 → 語根
　　それ以外 → 1人称単数現在から語尾を取ったもの

をそれぞれ用いる、と考えればよいでしょう。語根は現在幹から幹母音を取ったものです。現在幹は不定法現在能動態からその語尾を取ることによって得られます。たとえば第二活用のvideō「見る」なら、vidēreが不定法ですから、vidē- が現在幹、-ē- が幹母音ですから、vid- が語根ということになります。第三活用（b）のcapiō, -ere「取る」ならばcapi- を、第四活用のaudiō, -īre「開く」ならaudi- を、それぞれ用います（上記の説明ですと、第一活用のamō, -āre「愛する」ならam- が、第三活用のregō, -ere「支配する」ならreg- が取り出せますが、実は「語根を用いる」と説明してしまっても結果的に同じことになります）。
　このようにして取り出した形に、
　　第一活用 → -andus, -a, -um
　　それ以外 → -endus, -a, -um

を付けると動形容詞を作ることができます。語尾から分かるように第一・第二変化です。「意味はつねに能動だが受動の形しか持たない」といういわゆる「能相欠如動詞（形式受動相動詞）」（83ページ）の場合も同様です。ただし不規則動詞eō「行く」についてはeundus, -a, -umとなります。

ギリシア語の動形容詞の作り方

　ギリシア語の動形容詞は動詞幹、さらに細かく言えばアオリストの受動態に見られる動詞幹から作られますが、2種類あります。ひとつは -τέος, -τέᾱ, -τέον を付したもので、「～されるべき」を表します。もうひとつは -τός, -τή, -τόν を付したもので「～された」あるいは「～されうる」を表します。「～された」というのはちょうど完了受動分詞のような働きです。その名が示すように名詞を修飾するしくみは形容詞とまったく同じでもはや説明の必要はないでしょう。ここでは sum や εἰμί と現われる場合（ギリシア語は -τέος のみがこの用法を持っています）に重点を置いて説明したいと思います。

動形容詞の使い方

　sum や εἰμί とともに「～されるべきである」を意味します。そのとき、行為者「～によって」は与格の名詞や代名詞によって表されます。

　　discipulī magistrō bene ēducandī sunt.
　　οἱ μαθηταὶ τῷ διδασκάλῳ καλῶς παιδευτέοι εἰσίν.
　　弟子たちは師によってよく教育されねばならない。

　　　discipulī：第二変化名詞 discipulus, -ī の複数主格
　　　magistrō：第二変化名詞 magister, -trī の単数与格で、動形容詞が表す動作の行為者を表す。
　　　bene：副詞「よく」「上手に」
　　　ēducandī：第三活用動詞 ēducō, -āre の動形容詞 ēducandus, -a, -um の男性複数主格。discipulī に一致している。
　　　sunt：動詞 sum の3人称複数現在形
　　　μαθηταί：第一変化名詞 μαθητής, -οῦ の複数主格
　　　διδασκάλῳ：第二変化名詞 διδάσκαλος -ου の単数与格で、動形容詞が表す動作の行為者を表す。
　　　καλῶς：副詞「よく」「上手に」
　　　παιδευτέοι：動詞 παιδεύω の動形容詞で、男性複数主格。οἱ μαθηταί に一致している。
　　　εἰσίν：動詞 εἰμί の3人称複数現在形

　ところで、「受動態」というのは、「弟子を教育する」に対して「弟子は教育される」のように、構文的に対応する「能動態」の直接目的語を主語の位置に据えたものです。では上記のような場合とは異なり、直接目的語を従えない「自動詞」ではどうでしょうか。つまり、「従う」のような動詞の動形容詞を sum や εἰμί と共に用いるさい、何を主語に立てたらよいのでしょうか。

　このときは、非人称表現のところで触れた「非人称受動」を使います（99ペー

ジ）。もう一度繰り返すと、pūgnō「私は戦う」に対して、3人称単数の受動態 pūgnāturとすると、行為主体は明示されず「戦いが起こる」のように事態の生起だけを表すことができます。したがってeō「行く」の合成語abeōが「私は去る」ならばabīturの方は「去るという事態が起こる」ということになります。さらにラテン語はこの非人称受動にā / ab + 奪格で行為者を加えることもできます。ā mē abīturとすれば、内容的にはabeōとまったく同じです。この非人称受動は、動形容詞では中性単数の主格・対格の形が選ばれます。そして動作主体は与格で表されるわけですから、全体として、

  mihi abeundum est.　（eund-という形については119ページ参照）

となります。日本語に直すときは「私によって去られねばならない」だとかなりぎこちなくなってしまいますので、能動的に「私は去らねばならない」としてよいでしょう（実は他動詞の場合も同様だと考えてよいでしょう）。ギリシア語もまったく同じ考え方です。ギリシア語で「私は去る」はἀποχωρέω-ῶです。約音動詞を動形容詞にする場合、幹母音（ἀποχωρε-）を長くするという規則があります。したがってἀποχωρητός, -ή, -όν と ἀποχωρητέος, -α, -ον が得られます。「私によって」の与格はμοιなので、上記のラテン語と同じ内容をギリシア語で言うと以下のようになります。

  μοι ἀποχωρητέον ἐστίν.

ラテン語の動形容詞とギリシア語の不定法の動名詞的な使い方

ラテン語もギリシア語も、不定法は以下のことを表すことはすでに見ました（20課）。
 主語「〜することは」
 直接目的語「〜することを」
 sumやεἰμίの述部名詞「〜すること（である）」

では「手紙を書く（ことの）時間」や「手紙を書くために」、「手紙を書くことによって」などはどのように言えばよいでしょう。ラテン語はこうした場合、動形容詞を使って「書かれるべき手紙の時間」「書かれるべき手紙のために」「書かれるべき手紙によって」のように表現します。

  tempus epistulae scrībendae　 手紙を書く時間
  ad epistulam scrībendam　 手紙を書くために
  epistulā scrībendā　 手紙を書くことによって

自動詞の場合は、中性単数扱いになります。これが動名詞と呼ばれるようになります。能相欠如動詞のひとつproficīscor、-ī「出発する」を使ってみます。第三活用(a)ですのでproficīscendī, -ō, -um, -ōと変化します。

　　tempus proficīscendī　　出発する（ことの）時間
　　ad proficīscendum　　　出発するために
　　proficīscendō　　　　　 出発することによって

　こうした一連の表現は、ギリシア語では、他動詞・自動詞の区別なく主語や直接目的語のときと同様に不定法によって表されます。前置詞と用いるときは多くの場合、冠詞が付きます。「目的」を表すときは単数属格の定冠詞が付くことがあります。

　　ἄνευ τοῦ ἀπέρχεσθαι　　出発することなく
　　ἕτοιμος ἀπέρχεσθαι　　 出発する用意のできた
　　ἵππους παρασκευάζομεν τοῦ ἀπέρχεσθαι．　我々は出発するために馬を用意する。

28 間接話法

interrogāvī quī essent. / ἠρώτησα τίνες εἰσίν.　私は彼らが誰であるか尋ねた。

　ある人の言葉を引用するとき、その文言をそのまま伝えるやり方を「直接話法」、そして従属節などに置き換えるやり方を「間接話法」と呼びます。日本語を使えば以下の例のうち、前者が直接話法で、後者が間接話法です。
　　彼は「僕は友人に手紙を書く」と言った。
　　彼は、自分は友人に手紙を書くと言った。

◆ 平叙文の間接話法

　ラテン語もギリシア語も、平叙文の間接話法には不定法を用います。上に記した日本語の間接話法をそれぞれラテン語とギリシア語にしてみましょう。
　　dīxit amīcō scrībere.
　　ἔφη φίλῳ γράφειν.
　　　dīxit：第三活用動詞 dīcō, -ere「言う」の完了形3人称単数
　　　amīcō：第二変化名詞 amīcus, -ī「友人」の単数与格
　　　scrībere：第三活用動詞 scrībō, -ere「書く」の不定法現在形
　　　ἔφη：動詞 φημί「言う」の未完了過去3人称単数（アオリストとしての働きも持っている）
　　　φίλῳ：第二変化名詞 φίλος, -ου「友人」の単数与格
　　　γράφειν：動詞 γράφω の不定法現在形

　これらはそれぞれ次の文を不定法を使って間接話法にしたものです。
　　amīcō scrībō.　　私は友人に手紙を書く。
　　φίλῳ γράφω.

　また、ギリシア語の ἔφη φίλῳ γράφειν の方は、φίλῳ ἔγραφον と言ったとも解釈することができます。ἔγραφον は動詞 γράφω の直説法未完了過去の1人称単数で、したがってギリシア語の間接話法で現われる不定法現在形は、直接話法では現在形と未完了過去形の場合があり、「書く（いている）と言った」のか「書いていたと言った」のかは文脈から判断することになります。
　では次に、「彼は、自分は友人に手紙を書いたと言った」と言ってみましょう。
　　dīxit amīcō scrīpsisse.
　　ἔφη τῷ φίλῳ γράψαι.

123

それぞれ scrībō と γράφω がそれぞれ不定法完了と不定法アオリストになっています。ラテン語にはアオリストがないので、完了がその役割を引き受けているのです。そして今度は「彼は、自分は友人に手紙を書くだろうと言った」です。

  dīxit amīcō scrīptūrus esse.
  ἔφη φίλῳ γράψειν.

不定法が未来形になっています。scrībō の不定法未来は未来能動分詞（18課）＋ sum の不定法現在形 esse から作ります。未来能動分詞の形は「書く」という行為の主体に合わせます。この場合は「彼」なので男性単数主格になっています。
 最後に「彼は、自分は友人に手紙を書いたところだと言った」です。
  dīxit amīcō scrīpsisse.
  ἔφη φίλῳ γεγράφεναι.

それぞれ不定法完了が用いられています。
 これまでの例は、不定法構文の意味上の主語が、主文の主語と同一人物でした。それに対して、「父が友人に手紙を書く、と彼は言った」のように異なる人物の場合はすでに20課で学んだ対格＋不定法を用います。
  dīxit patrem amīcō suō scrībere.
  ἔφη τὸν πατέρα τῷ φίλῳ ἑαυτοῦ γράφειν.

ギリシア語の λέγω + ὅτι (ὡς)

 これまで、ギリシア語は φημί を使った間接話法を見てきましたが、このほかに λέγω「私は言う」や εἶπον「彼らは言った」が用いられることがあります。このときは不定法または対格主語を伴う不定法の他に、英語の that 節における that のような接続詞の ὅτι や ὡς に先行された文も現われます。そのとき、接続詞節の時制は、直接話法のときと同じですが、本動詞が未完了過去やアオリストなど、なんらかの形で過去を表す場合は、間接話法内の動詞の時制は直接話法のときと同じで希求法が用いられることがあります。
  ἔλεξε ὅτι ὁ πατὴρ τῷ φίλῳ ἑαυτοῦ γράφει (ἔγραψεν、γράψει).
  彼は、父が友人に手紙を書く（書いた、書くだろう）と言った。

 γράφω は希求法にしてそれぞれ γράφοι（現在）、γράψειε(ν)／γράψαι（アオリスト）、γράψοι（未来）にすることもできます。

📖 間接疑問文

ここでは、疑問文が間接話法になった場合を見ていきます。

 fēlīcēs estis ?　あなたたちは幸せですか。

 εὐδαίμονές ἐστε ;

  fēlīcēs：第三変化形容詞 fēlīx, -icis：「幸せな」の男性または女性複数主格
  estis：不規則動詞 sum の直説法現在 2 人称複数
  εὐδαίμονες：第三変化形容詞 εὐδαίμων, -ον「幸せな」の男性または女性複数主格
  ἐστέ：動詞 εἰμί「～である」の直説法現在 2 人称複数

このように「はい」「いいえ」で答える疑問文は、ラテン語ならば sī、ギリシア語ならば εἰ「～かどうか」によって interrogō, -āre, ἐρωτάω-ῶ「尋ねる」などの動詞に繋げられます。このとき、時制の選択はギリシア語はもちろん、ラテン語についても前の課と同じでよいのですが（ただしアオリストはラテン語では完了によって表されます）、ラテン語の間接疑問文には接続法が用いられるという点に注意してください。したがって上記の 2 つの文を間接疑問文にして「彼らは幸せかどうかと彼は尋ねる」としてみます。

 interrogat sī fēlīcēs sint.

 ἐρωτᾷ εἰ εὐδαίμονές εἰσιν.

sum が直説法現在の sunt から接続法現在の sint に変わっています。

次に「あなたたちは幸せになるだろうか、と彼は問う」と言ってみます。直接疑問文ならそれぞれ、以下のようになるでしょう。

 interrogat "fēlīcēs eritis ?"

 ἐρωτᾷ "εὐδαίμονες ἔσεσθε ;"

これを間接疑問文にするわけです。ラテン語の方は接続法の未来形を使うことになりますが、接続法には未来形がありません。そこでラテン語は「未来能動分詞 + sum の接続法現在」を用います。sum の未来能動分詞は futūrus, -a, -um（18 課）でした。

 interrogat sī fēlīcēs futūrī sint.

 ἐρωτᾷ εἰ εὐδαίμονες ἔσονται.

また、「尋ねる」を表す動詞がこのように現在形や未来形ならば、ギリシア語と同様、ラテン語でも直接疑問文と同じ時制でよいのですが、過去時制（完了、未

125

完了過去、過去完了）の場合、以下のようにやや複雑になります。
「尋ねる」を表す動詞の時制に対して、間接疑問文がとる時制：
　　　　同時　→　接続法未完了過去
　　　　過去　→　接続法過去完了
　　　　未来　→　未来能動分詞＋sumの接続法未完了過去

　これはちょうど、英語のHe asked me, "Do you come?"を間接疑問文にするとHe asked me whether I *came*.と過去形になり、He asked me, "Did you come?"ならばHe asked me whether I *had come*.と過去完了が用いられるのとよく似ています。
　例えば、「彼らは幸せなのかと彼は尋ねた」だと次のようになります。
　　　　interrogāvit sī fēlīcēs essent.

　interrogāvitはinterrogōの直説法完了3人称単数です。sumが接続法の未完了過去になっています。次に「彼らは幸せだったのかと彼は尋ねた」と言ってみます。sumが接続法の過去完了になります。
　　　　interrogāvit sī fēlīcēs fuissent.

　最後に「彼らは幸せになるだろうか、と彼は尋ねた」です。このように「過去から見た未来」を表すには上記のように「未来能動分詞＋sumの接続法未完了過去」を使います。
　　　　interrogāvit sī fēlīcēs futūrī essent.

　次に疑問詞を使った間接疑問文を見ていきますが、ラテン語もギリシア語も時制と法の選び方は先の疑問文と同様です。
　　　　interrogāvī "quī estis?"　　　私は尋ねた。「あなたたちは誰ですか」
　　　　ἠρώτησα "τίνες ἐστέ;"
　　　　interrogāvī quī essent.　　　　私は彼らが誰であるか尋ねた。
　　　　ἠρώτησα τίνες εἰσίν.

　ラテン語の方は、間接疑問文であることを表す接続法と、主文の動詞がinterrogāvīと完了になっているのでそれと同時であることを表す未完了過去とが選ばれています。

29 条件文

sī id fēcisset, idem fēcissem. / εἰ τοῦτο ἐποίησε, τὸ αὐτὸ ἂν ἐποίησα.
もし彼がそうしたなら、私も同じことをしたことだろう。

「もし〜ならば（としても）、…だろう」のような仮定を表す文のしくみを学んでいきます。この「もし〜」はラテン語ではsīが、ギリシア語ではεἰ, ἐάν, ἤν, ἄνなどで表されます。条件を表す節を条件節または前節、帰結を表す節を帰結節または後節と呼びます。ラテン語は条件節と帰結節はいずれも同じ法（直説法または接続法）で表されますが、ギリシア語は少し複雑です。

条件文の種類

ラテン語とギリシア語には、以下の種類の条件文があります。

(1) 事実とは関わりのない単なる仮定
(2) Aという条件が提示されればかならずBという帰結が導かれる普遍的真理を表すもの
(3) 未来の予想を表すもの
(4) 漠然とした可能性を表すもの
(5) 事実に反する仮定を表すもの

これらのうち、(1)から(3)までならラテン語は直説法が用いられ、残り2つについては、(4)なら接続法、(5)で現在の事実に反する場合は接続法未完了過去、過去の事実に反する場合は接続法過去完了によって表されます。

これに対してギリシア語は基本的に、(1)は前節、後節ともに直説法、(2)で現在のことはἐάν+接続法（前節）と直説法（後節）、過去のことはεἰ+希求法（前節）と直説法未完了過去（後節）、(3)はἐάν（またはἤν, ἄν）+接続法（前節）と直説法未来（後節）、(4)はεἰ+希求法（前節）とἄν+希求法（後節）、(5)で現在の場合はεἰ+直説法未完了過去（前節）とἄν+直説法未完了過去（後節）、過去の場合はεἰ+直説法アオリスト（前節）とἄν+直説法アオリスト（後節）となります。

このうち(5)の過去の事実に反する仮定の場合、直説法未完了過去が用いられることもあります。

🏛 単なる仮定

ラテン語もギリシア語も直説法が用いられます。
 sī id facit, idem faciō.   彼がそれをすれば、私も同じことをする。
 εἰ τοῦτο ποιεῖ, τὸ αὐτὸ ποιῶ.

ラテン語のidは11課で3人称の非再帰の人称代名詞として取り上げたものです。また、idemは、is, ea, idに-demが付いたもので「同じ〜」を表します。次のように変化します。

		男	女	中
単数	主・呼	īdem	eadem	idem
	属	\multicolumn{3}{c}{ēiusdem}		
	与	eīdem		
	対	eundem	eandem	idem
	奪	eōdem	eādem	eōdem
複数	主・呼	eīdem	eaedem	eadem
	属	eōrundem	eārundem	eōrundem
	与	eīsdem		
	対	eōsdem	eāsdem	eadem
	奪	eīsdem		

ギリシア語のτοῦτοとαὐτόは、それぞれ14課の指示代名詞および11課の強意代名詞で見たものです。

🏛 普遍的事実の条件文

 sī id facit, idem faciō.
 ἐὰν τοῦτο ποιῇ, τὸ αὐτὸ ποιῶ.
 彼がそれをすればいつでも私は同じことをする。

ラテン語の方は単なる仮定のときとまったく変わりませんが、ギリシア語の方はεἰがἐάνに、そして前節の動詞ποιέω, -ῶが直説法から接続法になっています。前節はποιήσῃと接続法アオリストで言うこともできます。今度は過去のことについて述べてみます。

sī id faciēbat, idem faciēbam.
εἰ τοῦτο ποιοῖ (ποιοίη), τὸ αὐτὸ ἐποίει.
彼がそれをすればいつでも私は同じことをしたものだ。

　ラテン語は直説法未完了過去が現われ、過去の習慣だったことを表しています。ギリシア語は前節が希求法現在、後節が直説法未完了過去になっています。前節はποιήσειεと希求法アオリストで言うこともできます。

❦ 未来の予想

sī id faciet, idem faciam.
ἐὰν (ἢν, ἄν) τοῦτο ποιῇ, τὸ αὐτὸ ποιήσω.
彼がそうするなら、私も同じことをするだろう。

　ラテン語は動詞faciōが前節、後節ともに直説法未来になっています。ギリシア語は前節が接続法現在、後節が直説法未来です。前節はποιήσῃと、接続法アオリストで言うこともできます。

❦ 漠然とした可能性

sī id faciat, idem faciam.
εἰ τοῦτο ποιοῖ (ποιοίη), τὸ αὐτὸ ἂν ποιοῖμι (ποιοίην).
もし彼がそうするなら、私も同じことをするのだろう。

　ラテン語はfaciōが前節、後節ともに接続法現在になっています（ラテン語の第三および第四活用の直説法未来と接続法現在の1人称単数は同形です）。前後ともfēcerit, fēcerimと、接続法完了にすることもできます。ギリシア語も前節、後節ともに希求法現在ですが、後節にἄνが付されています。前節はποιήσειεと希求法アオリストで言うこともできます。

❦ 事実に反する仮定（現在の場合）

sī id faceret, idem facerem.
εἰ τοῦτο ἐποίει, τὸ αὐτὸ ἂν ἐποίουν.
もし彼がそうするなら、私も同じことをするところなのだが。

ラテン語もギリシア語も、現在の事実に反する仮定をする場合、前後とも未完了過去が用いられますが、ラテン語は接続法、ギリシア語は直説法です。ギリシア語は後節に ἄν が現われます。

❀ 事実に反する仮定（過去の場合）

　　sī id fēcisset, idem fēcissem.
　　εἰ τοῦτο ἐποίησε, τὸ αὐτὸ ἂν ἐποίησα.
　　もし彼がそうしたなら、私も同じことをしたことだろう。

　過去の事実に反する仮定では、ラテン語は前・後節とも接続法過去完了が用いられます。ギリシア語では直説法アオリストが現われます。現在の事実に反する仮定と同じように後節には ἄν を用います。
　また、過去の継続的あるいは習慣的な行為を扱う場合は直説法未完了過去で表します。そうなると前節の εἰ τοῦτο ἐποίει, τὸ αὐτὸ ἂν ἐποίουν とまったく同じ形になります（「もし彼がそれをするのが常だったとしたら、私も同じことをするのを常としていただろう」）。

30 数詞

ūna hirundō nōn facit ver. / μία χελιδὼν ἔαρ οὐ ποιεῖ.
一羽の燕は春を作らず。

　本書もいよいよ最後の課に入りました。ここではラテン語とギリシア語の数詞のしくみを見ていきます。ラテン語もギリシア語も、「一つ、二つ、三つ…」と数を列挙する基数詞、「一つめ、二つめ、三つめ…」と順番を挙げる序数詞があります。

ラテン語とギリシア語の1から4までの基数詞

　ラテン語は1〜3まで、ギリシア語は1〜4まで格変化し、それ以降はほとんどが不変化語です。お互い、とても形が似ていることが分かると思います。

ūnus, -a, um　1

	男	女	中
主	ūnus	ūna	ūnum
属	ūnīus		
与	ūnī		
対	ūnum	ūnam	ūnum
奪	ūnō	ūnā	ūnō

εἷς, μία, ἕν　1

	男	女	中
主	εἷς	μία	ἕν
属	ἑνός	μιᾶς	ἑνός
与	ἑνί	μιᾷ	ἑνί
対	ἕνα	μίαν	ἕν

duo, duae, duo　2

	男	女	中
主	duo	duae	duo
属	duōrum	duārum	duōrum
与	duōbus	duābus	duōbus
対	duōs(duo)	duās	duo
奪	duōbus	duābus	duōbus

δύο, δυοῖν　2

男女中
δύο
δυοῖν
δυοῖν
δύο

　冒頭のラテン語とギリシア語は、hirundōとχελιδών が「燕」、ver と ἔαρ が「春」です。春はある日突然訪れるのではなく、それまでの長い時を経てやって来るという意味です。

trēs, trēs, tria　3

	男女	中
主	trēs	tria
属	trium	
与	tribus	
対	trēs	tria
奪	tribus	

τρεῖς, τρία　3

	男女	中
主	τρεῖς	τρία
属	τριῶν	
与	τρισί(ν)	
対	τρεῖς	τρία

quattuor（不変化）　4

	男女中
主	quattuor
属	quattuor
与	quattuor
対	quattuor
奪	quattuor

τέτταρες, -α　4

	男女	中
主	τέτταρες	τέτταρα
属	τεττάρων	
与	τέτταρσι(ν)	
対	τέτταρας	τέτταρα

基数詞

数字		ラテン語の基数詞	数字	ギリシア語の基数詞
1	I	ūnus, -a, -um	α´	εἷς, μία, ἕν
2	II	duo, duae, duo	β´	δύο
3	III	trēs, tria	γ´	τρεῖς, τρία
4	IV	quattuor	δ´	τέτταρες, τέτταρα
5	V	quīnque	ε´	πέντε
6	VI	sēx	ς´	ἕξ
7	VII	septem	ζ´	ἑπτά
8	VIII	octō	η´	ὀκτώ
9	IX	novem	θ´	ἐννέα
10	X	decem	ι´	δέκα
11	XI	ūndecim	ια´	ἕνδεκα
12	XII	duodecim	ιβ´	δώδεκα
13	XIII	trēdecim	ιγ´	τρεῖς καὶ δέκα
14	XIV	quattuordecim	ιδ´	τέτταρες καὶ δέκα
15	XV	quīndecim	ιε´	πεντεκαίδεκα
16	XVI	sēdecim	ις´	ἑκκαίδεκα

17	XVII	septendecim	ιζʹ	ἑπτακαίδεκα
18	XVIII	duodēvīgintī	ιηʹ	ὀκτωκαίδεκα
19	XIX	ūndēvīgintī	ιθʹ	ἐννεακαίδεκα
20	XX	vīgintī	κʹ	εἴκοσι(ν)
21	XXI	ūnus et vīgintī / vīgintī ūnus	καʹ	εἷς καὶ εἴκοσι(ν)
22	XXII	duo et vīgintī / vīgintī duo	κβʹ	δύο καὶ εἴκοσι(ν)
30	XXX	trīgintā	λʹ	τριάκοντα
40	XL	quadrāgintā	μʹ	τετταράκοντα
50	L	quīnquāgintā	νʹ	πεντήκοντα
60	LI	sexāgintā	ξʹ	ἑξήκοντα
70	LII	septuāgintā	οʹ	ἑβδομήκοντα
80	LIII	octōgintā	πʹ	ὀγδοήκοντα
90	XC	nōnāgintā	ϟʹ	ἐνενήκοντα
100	C	centum	ρʹ	ἑκατόν
200	CC	ducentī, -ae, -a	σʹ	διᾱκόσιοι, -αι, -α
300	CCC	trecentī, -ae, -a	τʹ	τριᾱκόσιοι, -αι, -α
400	CD	quadringentī, -ae, -a	υʹ	τετρακόσιοι, -αι, -α
500	D	quīngentī, -ae, -a	φʹ	πεντακόσιοι, -αι, -α
600	DC	sescentī, -ae, -a	χʹ	ἑξακόσιοι, -αι, -α
700	DCC	septingentī, -ae, -a	ψʹ	ἑπτακόσιοι, -αι, -α
800	DCCC	octingentī, -ae, -a	ωʹ	ὀκτακόσιοι, -αι, -α
900	CM	nōngentī, -ae, -a	ϡʹ	ἐνακόσιοι, -αι, -α
1000	M	mīlle	͵α	χίλιοι, -αι, -α
2000	MM	duo mīlia	͵β	δισχίλιοι, -αι, -α
3000	MMM	tria mīlia	͵γ	τρισχίλιοι, -αι, -α
10000	X̄	decem mīlia	͵ι	μύριοι, -αι, -α
20000	X̄X̄	duodecim mīlia	͵κ	δισμύριοι, -αι, -α
100000	C̄	centum mīlia	͵ρ	δεκακισμύριοι, -αι, -α

　この表を見て分かるように、100は不変化ですが200、300、400...は格変化します。ラテン語の18と19はduo-dē-vīgintī, ūn-dē-vīgintīということで「20－2」、「20－1」ということです。したがって、28ならばduodētrīgintā、39ならばūndēquadrāgintāとなります。そして、ラテン語で1000はmīlleですが2000、3000、4000...にはmīliaを使います。これは次のように変化します。

mīlia 1000

	中
主	mīlia
属	mīlium
与	mīlibus
対	mīlia
奪	mīlibus

（参考）χίλιοι, -αι, -α　1000（第一・第二変化）

	男	女	中
主	χίλιοι	χίλιαι	χίλια
属	χιλίων	χιλίων	χιλίων
与	χιλίοι	χιλίαις	χιλίοι
対	χιλίους	χιλίᾱς	χίλια

序数詞

序数詞はラテン語もギリシア語も第一・第二変化です。

	ラテン語の序数詞	ギリシア語の序数詞
1	prīmus, -a, -um	πρῶτος, -η, -ον
2	secundus, -a, -um	δεύτερος, -ᾱ, -ον
3	tertius	τρίτος
4	quārtus	τέταρτος
5	quīntus	πέμπτος
6	sextus	ἕκτος
7	septimus	ἕβδομος
8	octāvus	ὄγδοος
9	nōnus	ἔνατος
10	decimus	δέκατος
11	ūndecimus	ἑνδέκατος
12	duodecimus	δωδέκατος
13	tertius decimus	τρίτος καὶ δέκατος
14	quārtus decimus	τέταρτος καὶ δέκατος
15	quīntus decimus	πέμπτος καὶ δέκατος
16	sextus decimus	ἕκτος καὶ δέκατος
17	septimus decimus	ἕβδομος καὶ δέκατος
18	duodēvīcēsimus	ὄγδοος καὶ δέκατος
19	ūndēvīcēsimus	ἔνατος καὶ δέκατος
20	vīcēsimus	εἰκοστός

21	ūnus et vīcēsimus	πρῶτος καὶ εἰκοστός
22	alter et vīcēsimus	δεύτερος καὶ εἰκοστός
30	trīcēsimus	τριᾱκοστός
40	quadrāgēsimus	τετταρακοστός
50	quīnquāgēsimus	πεντηκοστός
60	sexāgēsimus	ἑξηκοστός
70	septuāgēsimus	ἑβδομηκοστός
80	octōgēsimus	ὀγδοηκοστός
90	nōnāgēsimus	ἐνενηκοστός
100	centēsimus	ἑκατοστός
200	ducentēsimus	διᾱκοσιοστός
300	trecentēsimus	τριᾱκοσιοστός
400	quadringentēsimus	τετρακοσιοστός
500	quīngentēsimus	πεντακοσιοστός
600	sescentēsimus	ἑξακοσιοστός
700	septingentēsimus	ἑπτακοσιοστός
800	octingentēsimus	ὀκτακοσιοστός
900	nōngentēsimus	ἐνακοσιοστός
1000	mīllēsimus	χῑλιοστός
2000	bis mīllēsimus	δισχῑλιοστός
3000	ter mīllēsimus	τρισχῑλιοστός
10000	deciēs mīllēsimus	μύριστός
20000	vīciēs mīllēsimus	δισμῡριοστός
100000	centiēs mīllēsimus	δεκακισμύριοστός

序数詞を使ったことわざとしてはsecundae cōgitātiōnēs meliōrēs, αἱ δεύτεραι φροντίδες σοφώτεραι.「二番目の考えの方がよい」が挙げられます。序数詞secundaeとδεύτεραιは後続する第三変化名詞cōgitātiō, -ōnisとφροντίς, -ίδος「考え」に一致しています。meliōrēsとσοφώτεραιはそれぞれ、第一・第二変化形容詞bonus, -a, -um「よい」とσοφός, -ή, -όν「優れた」の比較級（25課）です。古代ギリシアの悲劇詩人ΕὐριπίδηςのἹππόλυτοςの436行目に登場します。

付録

音節について

　ラテン語のアクセント位置を決めるには、音節という概念をきちんと理解しておく必要があります。音節は、かならず母音をひとつ含み、子音だけで音節を構成することはできません（母音のみの音節は可能です）。

　例えばtābula「板」を音節に切ってみましょう。ご覧の通り、この語は子音と母音が交互に並んでいます。この場合は、以下のように母音のところで音節が切れます。

　　　tā - bu - la

　次に oculus「目」です。これも子音と母音が交互に並んでいるので母音のところで切ってみます。母音は単独で音節を構成できるのでしたね。

　　　o - cu - lus

　それではcaelus「空」はどうでしょうか。caとeで切れそうに思えますが、実はaeは二重母音です。二重母音や長母音は切ることができません。したがってcae-lusとなります（先ほどのtābulaも ta-a-bu-la ではありませんでした）。

　ところでtempus「時」はどうしたらよいでしょう。今までと事情が異なるのは、mとpの２つの子音字が並んでいる点です。この場合はtem-pusと子音字の間で切ります。さらにtemptō「触る、調べる」のように３つの子音字が並んでいる場合は、２対１で切ってtemp-tōとなります。

　このように見てくると、音節には、
　　①母音終わりの音節（tābulaのtā, bu, laやoculusのo, cuなど）
　　②子音終わりの音節（oculusのlusやtemptōのtempなど）

のふた通りがあることがわかります。前者を「開音節」、後者を「閉音節」と呼びます。

音節に切るうえでの注意点

(1)「閉鎖音＋流音」は間で切りません。閉鎖音とは、p, t, c(k, q)と b, d, g、さらに ph, th, chで（この ph, th, ch は帯気音と言う）、流音とはlとrのことです。例え

136

ば sacrificiō「犠牲を捧げる」は sa-cri-fi-ci-ō と切ります。また帯気音 ph, th, ch はこれでひとつの子音として数えます。したがって、philosophia「哲学」は phi-lo-so-phi-a となります。例えば fenestra「窓」という単語を音節に区切ってみます。最初は子音と母音が交互に並んでいるので少なくとも fe- でひとつの音節を構成していることが分かります。このあとの -nestra は子音が3つ連続しています。本来は2対1で切るのですが、今回は t が閉鎖音で r が流音です。したがって、-nes- と -tra で切ることになります。

(2) qu, ngu, su + 母音での u は子音 [w] です。したがって、quandō「いつ」や sanguis「血」、さらには suētus「慣れた」は、それぞれ *qu-an-dō ではなく quan-dō と、*san-gu-is ではなく san-guis と、そして *su-ē-tus ではなく suē-tus となります。

(3) 合成語は構成要素ごとに切ります。praescrībō「先に書く、指示する」は、prae「前に」と scrībō「書く」からなるので、praes-crī-bō ではなく prae-scrī-bō となります。

短音節と長音節

これらの音節のうち、「短母音を持つ開音節」を短音節、それ以外を長音節とそれぞれ呼びます。「それ以外」というのは以下の2種類の音節です。

① 開音節、閉音節にかかわらず長母音または二重母音を持つ音節
② 短母音を持つ閉音節

fe-nes-tra のうち、最初と最後は「短母音を持つ開音節」なので「短い音節」です。そして両者に挟まれた音節 -nes- は短母音ですが、閉音節なので、「長い音節」ということになります。

両者のうち、前者の音節は「自然に長い」(long by nature) のに対して、後者は「位置の点で長い」(long by position) という言い方をします。

付録

— ラテン語変化表 —

第一変化名詞
fābula, -ae *f.* 物語

	単 数	複 数
主	fābula	fābulae
呼	fābula	fābulae
属	fābulae	fābulārum
与	fābulae	fābulīs
対	fābulam	fābulās
奪	fābulā	fābulīs

第二変化名詞
dominus, -ī *m.* 主人

	単 数	複 数
主	dominus	dominī
呼	domine	dominī
属	dominī	dominōrum
与	dominō	dominīs
対	dominum	dominōs
奪	dominō	dominīs

oppidum, -ī *n.* 町

	単 数	複 数
主	oppidum	oppida
呼	oppidum	oppida
属	oppidī	oppidōrum
与	oppidō	oppidīs
対	oppidum	oppida
奪	oppidō	oppidīs

puer, -erī *m.* 少年

	単 数	複 数
主	puer	puerī
呼	puer	puerī
属	puerī	puerōrum
与	puerō	puerīs
対	puerum	puerōs
奪	puerō	puerīs

ager, -grī *m.* 土地、畑

	単 数	複 数
主	ager	agrī
呼	ager	agrī
属	agrī	agrōrum
与	agrō	agrīs
対	agrum	agrōs
奪	agrō	agrīs

第三変化名詞

・子音幹

lēx, lēgis *f.* 法律

	単 数	複 数
主	lēx	lēgēs
呼	lēx	lēgēs
属	lēgis	lēgum
与	lēgī	lēgibus
対	lēgem	lēgēs
奪	lēge	lēgibus

flūmen, -minis *n.* 川

	単 数	複 数
主	flūmen	flūmina
呼	flūmen	flūmina
属	flūminis	flūminum
与	flūminī	flūminibus
対	flūmen	flūmina
奪	flūmine	flūminibus

・i 幹

turris, -is *f.* 塔

	単 数	複 数
主	turris	turrēs
呼	turris	turrēs
属	turris	turrium
与	turrī	turribus
対	turrim	turrīs(-ēs)
奪	turrī	turribus

mare, -ris *n.* 海

	単 数	複 数
主	mare	maria
呼	mare	maria
属	maris	marium
与	marī	maribus
対	mare	maria
奪	marī	maribus

・混合幹

cīvis, -is *m.* 市民

	単 数	複 数
主	cīvis	cīvēs
呼	cīvis	cīvēs
属	cīvis	cīvium
与	cīvī	cīvibus
対	cīvem	cīvēs(-īs)
奪	cīve	cīvibus

os, ossis *n.* 骨

	単 数	複 数
主	os	ossa
呼	os	ossa
属	ossis	ossium
与	ossī	ossibus
対	os	ossa
奪	osse	ossibus

第四変化名詞

manus, -ūs *f.* 手

	単 数	複 数
主	manus	manūs
呼	manus	manūs
属	manūs	manuum
与	manuī(-ū)	manibus
対	manum	manūs
奪	manū	manibus

第五変化名詞

rēs, reī *f.* 物、事

	単 数	複 数
主	rēs	rēs
呼	rēs	rēs
属	reī	rērum
与	reī	rēbus
対	rem	rēs
奪	rē	rēbus

第一・第二変化形容詞

bonus, -a, -um　よい

		男	女	中
単数	主	bonus	bona	bonum
	呼	bone	bona	bonum
	属	bonī	bonae	bonī
	与	bonō	bonae	bonō
	対	bonum	bonam	bonum
	奪	bonō	bonā	bonō
複数	主	bonī	bonae	bona
	呼	bonī	bonae	bona
	属	bonōrum	bonārum	bonōrum
	与	bonīs	bonīs	bonīs
	対	bonōs	bonās	bona
	奪	bonīs	bonīs	bonīs

pulcher, -chra, -chrum　美しい

		男	女	中
単数	主	pulcher	pulchra	pulchrum
	呼	pulcher	pulchra	pulchrum
	属	pulchrī	pulchrae	pulchrī
	与	pulchrō	pulchrae	pulchrō
	対	pulchrum	pulchram	pulchrum
	奪	pulchrō	pulchrā	pulchrō
複数	主	pulchrī	pulchrae	pulchra
	呼	pulchrī	pulchrae	pulchra
	属	pulchrōrum	pulchrārum	pulchrōrum
	与	pulchrīs	pulchrīs	pulchrīs
	対	pulchrōs	pulchrās	pulchra
	奪	pulchrīs	pulchrīs	pulchrīs

第三変化形容詞

		男	女	中	男女	中	男女	中
単数	主	ācer	ācris	ācre	omnis	omne	sapiēns	
	属		ācris		omnis		sapientis	
	与		ācrī		omnī		sapientī	
	対		ācrem	ācre	omnem	omne	sapientem	sapiēns
	奪		ācrī		omnī		sapientī	
複数	主		ācrēs	ācria	omnēs	omnia	sapientēs	sapientia
	属		ācrium		omnium		sapientium	
	与		ācribus		omnibus		sapientibus	
	対		ācrēs	ācria	omnīs, -ēs	omnia	sapientīs, -ēs	sapientia
	奪		ācribus		omnibus		sapientibus	

vetus 古い

		男	女	中
単数	主		vetus	
	属		veteris	
	与		veterī	
	対		veterem	vetus
	奪		veterī	
複数	主		veterēs	vetera
	属		veterum	
	与		veteribus	
	対		veterēs	vetera
	奪		veteribus	

指示代名詞・指示形容詞

単数	m.	f.	n.
主	hic	haec	hoc
属	huius	hūius	hūius
与	huīc	huıc	huīc
対	hunc	hanc	hoc
奪	hōc	hāc	hōc

単数	m.	f.	n.
主	iste	ista	istud
属	istīus	istīus	istīus
与	istī	istī	istı
対	istum	istam	istud
奪	istō	istā	istō

複数	m.	f.	n.
主	hī	hae	haec
属	hōrum	hārum	hōrum
与	hīs	hīs	hīs
対	hōs	hās	haec
奪	hīs	hīs	hīs

複数	m.	f.	n.
主	istī	istae	ista
属	istōrum	istārum	istōrum
与	istīs	istīs	istīs
対	istōs	istās	ista
奪	istīs	istīs	istīs

単数	m.	f.	n.
主	ille	illa	illud
属	illīus	illīus	illīus
与	illī	illī	illī
対	illum	illam	illud
奪	illō	illā	illō

単数	m.	f.	n.
主	is	ea	id
属	ēius	ēius	ēius
与	eī	eī	eī
対	eum	eam	id
奪	eō	eā	eō

複数	m.	f.	n.
主	illī	illae	illa
属	illōrum	illārum	illōrum
与	illīs	illīs	illīs
対	illōs	illās	illa
奪	illīs	illīs	illīs

複数	m.	f.	n.
主	eī(iī)	eae	ea
属	eōrum	eārum	eōrum
与	eīs(iīs)	eīs(iīs)	eīs(iīs)
対	eōs	eās	ea
奪	eīs(iīs)	eīs(iīs)	eīs(iīs)

人称代名詞

・1人称

	単数	複数
主	ego	nōs
属	meī	nostrī, nostrum
与	mihi	nōbīs
対	mē	nōs
奪	mē	nōbīs

・2人称

	単数	複数
主	tū	vōs
属	tuī	vestrī, vestrum
与	tibi	vōbīs
対	tē	vōs
奪	tē	vōbīs

・3人称（再帰）

	単・複
主	
属	suī
与	sibi
対	sē(sēsē)
奪	sē(sēsē)

疑問代名詞

	「誰」	「何」
主	quis	quid
属	cūius	cūius
与	cuī	cuī
対	quem	quid
奪	quō	quō

疑問形容詞・関係代名詞

	単数			複数		
	m.	*f.*	*n.*	*m.*	*f.*	*n.*
主	quī	quae	quod	quī	quae	quae
属	cūius	cūius	cūius	quōrum	quārum	quōrum
与	cuī	cuī	cuī	quibus	quibus	quibus
対	quem	quam	quod	quōs	quās	quae
奪	quō	quā	quō	quibus	quibus	quibus

(1) 能動態 amō, amāre, amāvī, amātum

	直説法	接続法	命令法	不定法	分詞
現在	amō amās amat amāmus amātis amant	amem amēs amet amēmus amētis ament	amā amāte	amāre	amāns -antis
未完	amābam amābās amābat amābāmus amābātis amābant	amārem amārēs amāret amārēmus amārētis amārent			
未来	amābo amābis amābit amābimus amābitis amābunt		amātō amātō amātōte amantō	amātūrus amātūra amātūrum + esse	amātūrus amātūra amātūrum
完了	amāvī amāvistī amāvit amāvimus amāvistis amāvērunt(-ēre)	amāverim amāveris amāverit amāverimus amāveritis amāverint		amāvisse	
過去完了	amāveram amāverās amāverat amāverāmus amāverātis amāverant	amāvissem amāvissēs amāvisset amāvissēmus amāvissētis amāvissent			
未来完了	amāverō amāveris amāverit amāverimus amāveritis amāverint			動名詞 属 amandī 与 amandō 対 amandum 奪 amandō	目的分詞 対 amātum 与・奪 amātū

(1) 受動態 amor, amārī, amātus sum

	直説法	接続法	命令法	不定法	分詞
現在	amor amāris(-āre) amātur amāmur amāminī amantur	amer amēris(-ēre) amētur amēmur amēminī amentur	amāre amāminī	amārī	
未完	amābar amābāris(-āre) amābātur amābāmur amābāminī amābantur	amārer amārēris(-ēre) amārētur amārēmur amārēminī amārentur			
未来	amābor amāberis(-ere) amābitur amābimur amābiminī amābuntur		amātor amātor amantor	amātum īrī	
完了	amātus, -a, -um +sum, es...	amātus, -a, -um +sim, sīs...		amātus, -a, -um +esse	amātus amāta amātum
過去完了	amātus, -a, -um +eram, erās...	amātus, -a, -um +essem, essēs...			
未来完了	amātus, -a, -um +erō, eris...			動形容詞 amandus amanda amandum	

145

(2) 能動態 videō, vidēre, vīdī, vīsum

	直説法	接続法	命令法	不定法	分詞
現在	videō vidēs videt vidēmus vidētis vident	videam videās videat videāmus videātis videant	vidē vidēte	vidēre	vidēns entis
未完	vidēbam vidēbās vidēbat vidēbāmus vidēbātis vidēbant	vidērem vidērēs vidēret vidērēmus vidērētis vidērent			
未来	vidēbō vidēbis vidēbit vidēbimus vidēbitis vidēbunt		vidētō vidētō vidētōte videntō	vīsūrus vīsūra vīsūrum+esse	vīsūrus vīsūra vīsūrum
完了	vīdī vīdistī vīdit vīdimus vīdistis vīdērunt(-ēre)	vīderim vīderis vīderit vīderimus vīderitis vīderint		vīdisse vīdisse	
過去完了	vīderam vīderās vīderat vīderāmus vīderātis vīderant	vīdissem vīdissēs vīdisset vīdissēmus vīdissētis vīdissent			
未来完了	vīderō vīderis vīderit vīderimus vīderitis vīderint			動名詞 属 videndī 与 videndō 対 videndum 奪 videndō	目的分詞 対　vīsum 与・奪 vīsū

(2) 受動態 videor, vidērī, vidītus sum

	直説法	接続法	命令法	不定法	分詞
現在	videor vidēris(-ēre) vidētur vidēmur vidēminī videntur	videar videāris(-āre) videātur videāmur videāminī videantur	vidēre	vidērī	
未完	vidēbar vidēbāris(-āre) vidēbātur vidēbāmur vidēbāminī vidēbantur	vidērer vidērēris(-ēre) vidērētur vidērēmur vidērēminī vidērentur			
未来	vidēbor vidēberis(-ere) vidēbitur vidēbimur vidēbiminī vidēbuntur		vidētor vidētor videntor	vīsum īrī	
完了	vīsus, -a, -um +sum, es...	vīsus, -a, -um +sim, sīs...		vīsus, -a, -um +esse	vīsus vīsa vīsum
過去完了	vīsus, -a, -um +eram, erās	vīsus, -a, -um +essem, essēs			
未来完了	vīsus, -a, -um +erō, eris			動形容詞 videndus videnda videndum	

147

(3a) 能動態 regō, regere, rēgī, rēctum

	直説法	接続法	命令法	不定法	分詞
現在	regō regis regit regimus regitis regunt	regam regās regat regāmus regātis regant	rege regite	regere	regēns -entis
未完	regēbam regēbās regēbat regēbāmus regēbātis regēbant	regerem regerēs regeret regerēmus regerētis regerent			
未来	regam regēs reget regēmus regētis regent		regitō regitō regitōte reguntō	rēctūrus rēctūra rēctūrum+esse	rēctūrus rēctūra rēctūrum
完了	rēxī rēxistī rēxit rēximus rēxistis rēxērunt(-ēre)	rēxerim rēxeris rēxerit rēxerimus rēxeritis rēxerint		rēxisse	
過去完了	rēxeram rēxerās rēxerat rēxerāmus rēxerātis rēxerant	rēxissem rēxissēs rēxisset rēxissēmus rēxissētis rēxissent			
未来完了	rēxerō rēxeris rēxerit rēxerimus rēxeritis rēxerint			動名詞 属 regendī 与 regendō 対 regendum 奪 regendō	目的分詞 対　rēctum 与・奪　rēctū

148

(2) 受動態 regor, regī, rēctus sum

	直説法	接続法	命令法	不定法	分詞
現在	regor regeris(-ere) regitur regimur regiminī reguntur	regar regāris(-āre) regātur regāmur regāminī regantur	regere regiminī	regī	
未完	regēbar regēbāris(-āre) regēbātur regēbāmur regēbāminī regēbantur	regerer regerēris(-ēre) regerētur regerēmur regerēminī regerentur			
未来	regar regēris(-ēre) regētur regēmur regēminī regentur		regitor regitor reguntor	rēctum īrī	
完了	rēctus, -a, -um +sum, es...	rēctus, -a, -um +sim, sīs...		rēctus, -a, -um +esse	rēctus rēcta rēctum
過去完了	rēctus, -a, -um +eram, erās...	rēctus, -a, -um +essem, essēs...			
未来完了	rēctus, -a, -um +erō, eris...			動形容詞 regendus regenda regendum	

(3b) 能動態 capiō, capere, cēpī, captum

	直説法	接続法	命令法	不定法	分詞
現在	capiō capis capit capimus capitis capiunt	capiam capiās capiat capiāmus capiātis capiant	cape capite	capere	capiēns -entis
未完	capiēbam capiēbās capiēbat capiēbāmus capiēbātis capiēbant	caperem caperēs caperet caperēmus caperētis caperent			
未来	capiam capiēs capiet capiēmus capiētis capient		capitō capitō capitōte capiuntō	captūrus captūram captūrum+esse	captūrus captūra captūrum
完了	cēpī cēpistī cēpit cēpimus cēpistis cēpērunt(-ēre)	cēperim cēperis cēperit cēperimus cēperitis cēperint		cēpisse	
過去完了	cēperam cēperās cēperat cēperāmus cēperātis cēperant	cēpissem cēpissēs cēpisset cēpissēmus cēpissētis cēpissent			
未来完了	cēperō cēperis cēperit cēperimus cēperitis cēperint			動名詞 属 capiendī 与 capiendō 対 capiendum 奪 capiendō	目的分詞 対 captum 与・奪 captū

150

(3b) 受動態 capior, capī, captus sum

	直説法	接続法	命令法	不定法	分詞
現在	capior caperis(-ere) capitur capimur capiminī capiuntur	capiar capiāris(-āre) capiātur capiāmur capiāminī capiantur	capere capiminī	capī	
未完	capiēbar capiēbāris(-āre) capiēbātur capiēbāmur capiēbāminī capiēbantur	caperer caperēris(-ēre) caperētur caperēmur caperēminī caperentur			
未来	capiar capiēris(-ēre) capiētur capiēmur capiēminī capientur		capitor capitor capiuntor	captum īrī	
完了	captus, -a, -um +sum, es...	captus, -a, -um +sim, sīs...		captus, -a, -um +esse	captus capta captum
過去完了	captus, -a, -um +eram, erās...	captus, -a, -um +essem, essēs...			
未来完了	captus, -a, -um +erō, eris...			動形容詞 capiendus capienda capiendum	

(4) 能動態 audiō, audīre, audīvī, audītum

	直説法	接続法	命令法	不定法	分詞
現在	audiō audīs audit audīmus audītis audiunt	audiam audiās audiat audiāmus audiātis audiant	audī audīte	audīre	audiēns -entis
未完	audiēbam audiēbās audiēbat audiēbāmus audiēbātis audiēbant	audīrem audīrēs audīret audīrēmus audīrētis audīrent			
未来	audiam audiēs audiet audiēmus audiētis audient		audītō audītō audītōte audiuntō	audītūrus audītūra audītūrum+esse	audītūrus audītūra audītūrum
完了	audīvī audīvistī audīvit audīvimus audīvistis audīvērunt(-ēre)	audīverim audīveris audīverit audīverimus audīveritis audīverint		audīvisse	
過去完了	audīveram audīverās audīverat audīverāmus audīverātis audīverant	audīvissem audīvissēs audīvisset audīvissēmus audīvissētis audīvissent			
未来完了	audīverō audīveris audīverit audīverimus audīveritis audīverint			動名詞 属 audiendī 与 audiendō 対 audiendum 奪 audiendō	目的分詞 対 audītum 与・奪 audītū

（4）受動態 audior, audīrī, audītus sum

	直説法	接続法	命令法	不定法	分詞
現在	audior audīris(-īre) audītur audīmur audīminī audiuntur	audiar audiāris(-āre) audiātur audiāmur audiāminī audiantur	audīre audīminī	audīrī	
未完	audiēbar audiēbāris(-āre) audiēbātur audiēbāmur audiēbāminī audiēbantur	audīrer audīrēris(-ēre) audīrētur audīrēmur audīrēminī audīrentur			
未来	audiar audiēris(-ēre) audiētur audiēmur audiēminī audientur		audītor audītor audiuntor	audītum īrī	
完了	audītus, -a, -um +sum, es...	audītus, -a, -um +sim, sīs...		audītus, -a, -um +esse	audītus audīta audītum
過去完了	audītus, -a, -um +eram, erās...	audītus, -a, -um +essem, essēs...			
未来完了	audītus, -a, -um +erō, eris...			動形容詞 audiendus audienda audiendum	

(5) 不規則動詞〈能動態〉sum, esse, fuī

	直説法	接続法	命令法	不定法	分詞
現在	sum es est sumus estis sunt	sim sīs sit sīmus sītis sint	es este	esse	
未完	eram erās erat erāmus erātis erant	essem(forem) essēs(forēs) esset(foret) essēmus(forēmus) essētis(forētis) essent(forent)			
未来	erō eris erit erimus eritis erunt		estō estō estōte suntō	futūrus futūra futūrum+esse (fore)	futūrus futūra futūrum
完了	fuī fuistī fuit fuimus fuistis fuērunt(-ēre)	fuerim fueris fuerit fuerimus fueritis fuerint		fuisse	
過去完了	fueram fuerās fuerat fuerāmus fuerātis fuerant	fuissem fuissēs fuisset fuissēmus fuissētis fuissent			
未来完了	fuerō fueris fuerit fuerimus fueritis fuerint				

(5) 不規則動詞〈能動態〉eō, īre, iī, ītum

	直説法	接続法	命令法	不定法	分詞
現在	eō īs it īmus ītis eunt	eam eās eat eāmus eātis eant	ī īte	īre	iēns, euntis
未完	ībam ībās ībat ībāmus ībātis ībant	īrem īrēs īret īrēmus īrētis īrent			
未来	ībō ībis ībit ībimus ībitis ībunt		ītō ītō ītōte euntō	itūrus itūra itūrum +esse	itūrus itūra itūrum
完了	iī īstī iit iimus iērunt(-ēre)	ierim ieris ierit ierimus ierint		īsse	完了幹はīv-という形もある。また、直説法完了の2人称単数から2人称複数、不定法完了、そして接続法過去完了ではii-が現われることもある。
過去完了	ieram ierās ierat ierāmus ierātis ierant	īssem īssēs īsset īssēmus īssētis īssent			目的分詞 対 itum 与・奪 itū
未来完了	ierō ieris ierit ierimus ieritis ierint			動名詞 属 eundī 与 eundō 対 eundum 奪 eundō	動形容詞 eundus eunda eundum

(6) 不規則動詞〈能動態〉volō, velle, voluī

	直説法	接続法	命令法	不定法	分詞
現在	volō vīs vult volumus voltis volunt	velim velīs velit velīmus velītis velint		velle	volens, -entis
未完	volēbam volēbās volēbat volēbāmus volēbātis volēbant	vellem vellēs vellet vellēmus vellētis vellent			
未来	volam volēs volet volēmus volētis volent				
完了	voluī voluistī voluit voluimus voluistis voluērunt(-ēre)	voluerim volueris voluerit voluerimus volueritis voluerint		voluisse	
過去完了	volueram voluerās voluerat voluerāmus voluerātis voluerant	voluissem voluissēs voluisset voluissēmus voluissētis voluissent			
未来完了	voluerō volueris voluerit voluerimus volueritis voluerint				

volōから派生したnōlō「望まない」(← nōn volō) とmālō「むしろ～の方を望む」(← magis「むしろ」nōlō)の直説法現在2人称単数および単数、そして2人称複数はそれぞれ、nōn vīs / māvīs, nōn vult / māvult, nōn vultis / māvultis。

(6) 不規則動詞〈能動態〉fīō, fierī, factus sum

	直説法	接続法	命令法	不定法	分詞
現在	fīō fīs fit fīmus fītis fīunt	fīam fīās fīat fīāmus fīātis fīant	fī fīte	fierī	
未完	fīēbam fīēbās fīēbat fīēbāmus fīēbātis fīēbant	fierem fierēs fieret fierēmus fierētis fierent			
未来	fīam fīēs fīet fīēmus fīētis fīent		fītō fītō fītōte fīuntō	factum īri	
完了	factus, a, um + sum, es...	factus, a, um + sim, sīs...		factus, a, um + esse	factus facta factum
過去完了	factus, a, um +eram, erās...	factus, a, um +essem, essēs...			
未来完了	factus, a, um +erō, eris...				動形容詞 faciendus facienda faciendum

157

(7) 不規則動詞〈能動態〉ferō, ferre, tulī, lātum

	直説法	接続法	命令法	不定法	分詞
現在	ferō fers fert ferimus fertis ferunt	feram ferās ferat ferāmus ferātis ferant	fer ferte	ferre	ferēns, -entis
未完	ferēbam ferēbās ferēbat ferēbāmus ferēbātis ferēbant	ferrem ferrēs ferret ferrēmus ferrētis ferrent			
未来	feram ferēs feret ferēmus ferētis ferent		fertō fertō fertōte feruntō	lātūrus lātūra lātūrum +esse	lātūrus lātūra lātūrum
完了	tulī tulistī tulit tulimus tulistis tulērunt(-ēre)	tulerim tuleris tulerit tulerimus tuleritis tulerint		tulisse	
過去完了	tuleram tulerās tulerat tulerāmus tulerātis tulerant	tulissem tulissēs tulisset tulissēmus tulissētis tulissent			
未来完了	tulerō tuleris tulerit tulerimus tuleritis tulerint			動名詞 属 ferendī 与 ferendō 対 ferendum 奪 ferendō	目的分詞 対　　lātum 与・奪 lātū

(7) 不規則動詞〈能動態〉feror, ferrī, lātus sum

	直説法	接続法	命令法	不定法	分詞
現在	feror ferris(-re) fertur ferimur feriminī feruntur	ferar ferāris(-āre) ferātur ferāmur ferāminī ferantur	ferre feriminī	ferrī	
未完	ferēbar ferēbāris(-āre) ferēbātur ferēbāmur ferēbāminī ferēbantur	ferrer ferrēris(-ēre) ferrētur ferrēmur ferrēminī ferrentur			
未来	ferar ferēris ferētur ferēmur ferēminī ferentur		fertor fertor feruntor	lātum īrī	
完了	lātus, -a, -um +sum, es...	lātus, -a, -um +sim, sīs...		lātus, -a, -um +esse	lātus lāta lātum
過去完了	lātus, -a, -um +eram, erās...	lātus, -a, -um +essem, essēs...			
未来完了	lātus, -a, -um +erō, eris...				動形容詞 ferendus ferenda ferendum

159

(8) 不規則動詞〈能動態〉dō, dare, dedī, datum

		直説法	接続法	命令法	不定法	分詞
現在		dō dās dat damus datis dant	dem dēs det dēmus dētis dent	dā date	dare	dāns, -antis
未完		dabam dabās dabat dabāmus dabātis dabant	darem darēs daret darēmus darētis darent			
未来		dabō dabis dabit dabimus dabitis dabunt		datō datō datōte dantō	datūrus datūra datūrum +esse	datūrus datūra datūrum
完了		dedī dedistī dedit dedimus dedistis dedērunt(-ēre)	dederim dederis dederit dederimus dederitis dederint		dedisse	
過去完了		dederam dederās dederat dederāmus dederātis dederant	dedissem dedissēs dedisset dedissēmus dedissētis dedissent			
未来完了		dederō dederis dederit dederimus dederitis dederint			動名詞 属 dandī 与 dandō 対 dandum 奪 dandō	目的分詞 対　datum 与・奪　datū

(8) 不規則動詞〈能動態〉—, darī, datus sum

	直説法	接続法	命令法	不定法	分詞
現在	— daris(-are) datur damur daminī dantur	— dēris(-ēre) dētur dēmur dēminī dentur	dare daminī	darī	
未完	dabar dabāris dabātur dabāmur dabāminī dabantur	darer darēris(-ēre) darētur darēmur darēminī darentur			
未来	dabor daberis dabitur dabimur dabiminī dabuntur		dator dator dantor	datum īri	
完了	datus, a, um +sum, es...	datus, a, um +sim, sīs...		datus, a, um +esse	datus data datum
過去完了	datus, a, um +eram, erās...	datus, a, um +essem, essēs...			
未来完了	datus, a, um +erō, eris...				動形容詞 dandus danda dandum

付録

― ギリシア語変化表 ―

第一変化名詞

χώρᾱ　祖国

	単数	複数	双数
主呼	χώρᾱ	χῶραι	χώρᾱ
属	χώρᾱς	χωρῶν	χώραιν
与	χώρᾳ	χώραις	
対	χώρᾱν	χώρᾱς	χώρᾱ

ψῡχή　魂

	単数	複数	双数
主呼	ψῡχή	ψῡχαί	ψῡκά
属	ψῡχῆς	ψῡχῶν	ψῡκαῖν
与	ψῡχῇ	ψῡχαῖς	
対	ψῡχήν	ψῡχάς	ψῡκά

θάλαττα　海

	単数	複数	双数
主呼	θάλαττα	θάλατται	θαλάττᾱ
属	θαλάττης	θαλαττῶν	θαλάτταιν
与	θαλάττῃ	θαλάτταις	
対	θάλατταν	θαλάττᾱς	θαλάττᾱ

μοῖρα　運命

	単数	複数	双数
主呼	μοῖρα	μοῖραι	μοίρᾱ
属	μοίρᾱς	μοιρῶν	μοίραιν
与	μοίρᾳ	μοίραις	
対	μοῖραν	μοίρᾱς	μοίρᾱ

ποιητής　詩人

	単数	複数	双数
主	ποιητής	ποιηταί	ποιητά
呼	ποιητά		
属	ποιητοῦ	ποιητῶν	ποιηταῖν
与	ποιητῇ	ποιηταῖς	
対	ποιητήν	ποιητάς	ποιητά

νεᾱνίᾱς　若者

	単数	複数	双数
主	νεᾱνίᾱς	νεᾱνίαι	νεᾱνίᾱ
呼	νεᾱνίᾱ		
属	νεᾱνίου	νεᾱνιῶν	νεᾱνίαιν
与	νεᾱνίᾳ	νεᾱνίαις	
対	νεᾱνίᾱν	νεᾱνίᾱς	νεᾱνίᾱ

第二変化名詞

ἵππος (ὁ)　馬

	単数	複数	双数
主	ἵππος	ἵπποι	ἵππω
呼	ἵππε		
属	ἵππου	ἵππων	ἵπποιν
与	ἵππῳ	ἵπποις	
対	ἵππον	ἵππους	ἵππω

ζυγόν (τό)　くびき

	単数	複数	双数
主	ζυγόν	ζυγά	ζυγώ
呼			
属	ζυγοῦ	ζυγῶν	ζυγοῖν
与	ζυγῷ	ζυγοῖς	
対	ζυγόν	ζυγά	ζυγώ

ἄνθρωπος (ὁ)　人間

	単数	複数	双数
主	ἄνθρωπος	ἄνθρωποι	ἀνθρώπω
呼	ἄνθρωπε	ἄνθρωποι	
属	ἀνθρώπου	ἀνθρώπων	ἀνθρώποιν
与	ἀνθρώπῳ	ἀνθρώποις	
対	ἄνθρωπον	ἀνθρώπους	ἀνθρώπω

δῶρον (τό)　贈り物

	単数	複数	双数
主	δῶρον	δῶρα	δώρω
呼	δῶρον	δῶρα	
属	δώρου	δώρων	δώροιν
与	δώρῳ	δώροις	
対	δῶρον	δῶρα	δώρω

第三変化名詞

・子音幹

πούς, ποδός, ὁ　足

	単数	複数	双数
主・呼	πούς	πόδες	πόδε
属	ποδός	ποδῶν	ποδοῖν
与	ποδί	ποσί(ν)	
対	πόδα	πόδας	πόδε

ὄνομα, -τος, τό　名

	単数	複数	双数
主・呼	ὄνομα	ὀνόματα	ὀνόματε
属	ὀνόματος	ὀνομάτων	ὀνομάτοιν
与	ὀνόματι	ὀνόμασι(ν)	
対	ὄνομα	ὀνόματα	ὀνόματε

λέων, -οντος, ὁ　獅子

	単数	複数	双数
主	λεών	λέοντες	λέοντε
呼	λέον		
属	λέοντος	λεόντων	λεόντοιν
与	λέοντι	λέουσι(ν)	
対	λέοντα	λέοντας	λέοντε

・母音幹

πόλις, -εως, ἡ　都市

	単数	複数	双数
主	πόλις	πόλεις	πόλει
呼	πόλι		
属	πόλεως	πόλεων	πολέοιν
与	πόλει	πόλεσι(ν)	
対	πόλιν	πόλεις	πόλει

ἄστυ, -εως, τό　町

	単数	複数	双数
主・呼	ἄστυ	ἄστη	ἄστει
属	ἄστεως	ἄστεων	ἀστέοιν
与	ἄστει	ἄστεσι(ν)	
対	ἄστυ	ἄστη	ἄστει

ἰχθύς, -ύος, ὁ　魚

	単数	複数	双数
主	ἰχθύς	ἰχθύες	ἰχθύε
呼	ἰχθύ		
属	ἰχθύος	ἰχθύων	ἰχθύοιν
与	ἰχθύϊ	ἰχθύσι(ν)	
対	ἰχθύν	ἰχθῦς	ἰχθύε

βασιλεύς, -έως, ὁ　王

	単数	複数	双数
主	βασιλεύς	βασιλεῖς,-ῆς	βασιλῆ, -έε
呼	βασιλεῦ		
属	βασιλέως	βασιλέων	βασιλέοιν
与	βασιλεῖ	βασιλεῦσι(ν)	
対	βασιλέᾱ	βασιλέᾱς	βασιλῆ, -έε

βοῦς, -ός, ὁ　牛

	単数	複数	双数
主	βοῦς	βόες	βόε
呼	βοῦ		
属	βοός	βοῶν	βοοῖν
与	βοί	βουσί(ν)	
対	βοῦν	βοῦς	βόε

ναῦς, νεώς　船

	単数	複数	双数
主	ναῦς	νῆες	νῆε
呼	ναῦ		
属	νεώς	νεῶν	νεοῖν
与	νηΐ	ναυσί(ν)	
対	ναῦν	ναῦς	νῆε

・その他の注意すべき第三変化名詞

πατήρ, -τρός　父」

	単数	複数	双数
主	πατήρ	πατέρες	πατέρε
呼	πάτερ		
属	πατρός	πατέρων	πατέροιν
与	πατρί	πατράσι(ν)	
対	πατέρα	πατέρας	πατέρε

ἀνήρ, ἀνδρός　男

	単数	複数	双数
主	ἀνήρ	ἄνδρες	ἄνδρε
呼	ἄνερ		
属	ἀνδρός	ἀνδρῶν	ἀνδροῖν
与	ἀνδρί	ἀνδράσι(ν)	
対	ἄνδρα	ἄνδρας	ἄνδρε

γένος, -ους, τό　種類、部族

	単数	複数	双数
主・呼	γένος	γένη (< γένε-α)	γένει (< γένε-ε)
属	γένους (< γένε-ος)	γενῶν (< γενέ-ων)	γενοῖν (< γενέ-οιν)
与	γένει (< γένε-ι)	γένεσι(ν) (< γένεσ-σι)	
対	γένος	γένη (< γένε-α)	γένει (< γένε-ε)

γέρας, -ως, τό　褒美

	単数	複数	双数
主・呼	γέρας	γέρᾱ (< γέρα-α)	γέρᾱ (< γέρα-ε)
属	γέρως (< γέρα-ος)	γερῶν (< γεράων)	γερῶν (< γεράοιν)
与	γέραι (< γέρα-ι)	γέρασι(ν) (< γέρασ-σι)	
対	γέρας	γέρᾱ (< γέρα-α)	γέρᾱ (< γέρα-ε)

τριήρης, -ρους, ἡ　三段櫂船

	単数	複数	双数
主	τριήρης	τριήρεις (< -ρε-ες)	τριήρει (< τριήρε-ε)
呼	τρίηρες		
属	τριήρους(< -ρε-ος)	τριήρων (< -ρέ-ων)	τριήροιν (< -ρέ-οιν)
与	τριήρει (< -ρε-ι)	τριήρεσι(ν) (< -ρεσ-σι)	
対	τριήρη (< -ρε-α)	τριήρεις	τριήρει (< -ρε-ε)

αἰδώς, -οῦς, ἡ　恥(単数のみ)

	単数
主・呼	αἰδώς
属	αἰδοῦς (< αἰδό-ος)
与	αἰδοῖ (< αἰδό-ι)
対	αἰδῶ (< αἰδό-α)

第一・第二変化形容詞

ἀγαθός　よい

		男	女	中
単数	主	ἀγαθός	ἀγαθή	ἀγαθόν
	呼	ἀγαθέ	ἀγαθή	ἀγαθόν
	属	ἀγαθοῦ	ἀγαθῆς	ἀγαθοῦ
	与	ἀγαθῷ	ἀγαθῇ	ἀγαθῷ
	対	ἀγαθόν	ἀγαθήν	ἀγαθόν
複数	主	ἀγαθοί	ἀγαθαί	ἀγαθά
	呼	ἀγαθοί	ἀγαθαί	ἀγαθά
	属	ἀγαθῶν	ἀγαθῶν	ἀγαθῶν
	与	ἀγαθοῖς	ἀγαθαῖς	ἀγαθοῖς
	対	ἀγαθούς	ἀγαθάς	ἀγαθά
双数	主	ἀγαθώ	ἀγαθά	ἀγαθώ
	呼	ἀγαθώ	ἀγαθά	ἀγαθώ
	属	ἀγαθοῖν	ἀγαθαῖν	ἀγαθοῖν
	与	ἀγαθοῖν	ἀγαθαῖν	ἀγαθοῖν
	対	ἀγαθώ	ἀγαθά	ἀγαθώ

第三変化形容詞

εὐδαίμων　幸福な

		男・女	中
単数	主	εὐδαίμων	εὔδαιμον
	呼	εὔδαιμον	εὔδαιμον
	属	εὐδαίμονος	εὐδαίμονος
	与	εὐδαίμονι	εὐδαίμονι
	対	εὐδαίμονα	εὔδαιμον
複数	主・呼	εὐδαίμονες	εὐδαίμονα
	属	εὐδαιμόνων	εὐδαιμόνων
	与	εὐδαίμοσι(ν)	εὐδαίμοσι(ν)
	対	εὐδαίμονας	εὐδαίμονα
双数	主・呼	εὐδαίμονε	εὐδαίμονε
	属・与	εὐδαιμόνοιν	εὐδαιμόνοιν
	対	εὐδαίμονε	εὐδαίμονε

ἄχαρις　忘恩の

		男・女	中
単数	主	ἄχαρις	ἄχαρι
	呼	ἄχαρι	ἄχαρι
	属	ἀχάριτος	ἀχάριτος
	与	ἀχάριτι	ἀχάριτι
	対	ἄχαριν	ἄχάρι
複数	主・呼	ἀχάριτες	ἀχάριτα
	属	ἀχαρίτων	ἀχαρίτων
	与	ἀχάρισι(ν)	ἀχάρισι(ν)
	対	ἀχάριτας	ἀχάριτα
双数	主・呼	ἀχάριτε	ἀχάριτε
	属・与	ἀχαρίτοιν	ἀχαρίτοιν
	対	ἀχάριτε	ἀχάριτε

第一・第三変化形容詞

χαρίεις　優美な

		男	女	中
単数	主	χαρίεις	χαρίεσσα	χαρίεν
	呼	χαρίεν, -εις	χαρίεσσα	χαρίεν
	属	χαρίεντος	χαριέσσης	χαρίεντος
	与	χαρίεντι	χαριέσσῃ	χαρίεντι
	対	χαρίεντα	χαρίεσσαν	χαρίεν
複数	主・呼	χαρίεντες	χαρίεσσαι	χαρίεντα
	属	χαριέντων	χαριεσσῶν	χαριέντων
	与	χαρίεσι(ν)	χαριέσσαις	χαρίεσι(ν)
	対	χαρίεντας	χαριέσσᾱς	χαρίεντα
双数	主	χαρίεντε	χαριέσσᾱ	χαρίεντε
	属・与	χαριέντοιν	χαριέσσαιν	χαριέντοιν
	対	χαρίεντε	χαριέσσᾱ	χαρίεντε

πᾶς　全ての

		男	女	中
単数	主呼	πᾶς	πᾶσα	πᾶν
	属	παντός	πάσης	παντός
	与	παντί	πάσῃ	παντί
	対	πάντα	πᾶσαν	πᾶν
複数	主呼	πάντες	πᾶσαι	πάντα
	属	πάντων	πᾱσῶν	πάντων
	与	πᾶσι(ν)	πάσαις	πᾶσι(ν)
	対	πάντας	πάσᾱς	πάντα

指示代名詞

ὅδε, ἥδε, τόδε　これ、この

		男	女	中
単数	主	ὅδε	ἥδε	τόδε
	属	τοῦδε	τῆσδε	τοῦδε
	与	τῷδε	τῇδε	τῷδε
	対	τόνδε	τήνδε	τόδε
複数	主	οἵδε	αἵδε	τάδε
	属	τῶνδε		
	与	τοῖσδε	ταῖσδε	τοῖσδε
	対	τούσδε	τάσδε	τάδε
双数	主	τώδε		
	属・与	τοῖνδε		
	対	τώδε		

οὗτος, αὕτη, τοῦτο　それ、その

		男	女	中
単数	主	οὗτος	αὕτη	τοῦτο
	属	τούτου	ταύτης	τούτου
	与	τούτῳ	ταύτῃ	τούτῳ
	対	τοῦτον	ταύτην	τοῦτο
複数	主	οὗτοι	αὗται	ταῦτα
	属	τούτων		
	与	τούτοις	ταύταις	τούτοις
	対	τούτους	ταύτᾱς	ταῦτα
双数	主	τούτω		
	属・与	τούτοιν		
	対	τούτω		

169

ἐκεῖνος, ἐκείνη, ἐκεῖνο　あれ、あの

		男	女	中
単数	主	ἐκεῖνος	ἐκείνη	ἐκεῖνο
	属	ἐκείνου	ἐκείνης	ἐκείνου
	与	ἐκείνῳ	ἐκείνῃ	ἐκείνῳ
	対	ἐκεῖνον	ἐκείνην	ἐκεῖνο
複数	主	ἐκεῖνοι	ἐκεῖναι	ἐκεῖνα
	属		ἐκείνων	
	与	ἐκείνοις	ἐκείναις	ἐκείνοις
	対	ἐκείνους	ἐκείνᾱς	ἐκεῖνα
双数	主		ἐκείνω	
	属・対		ἐκείνοιν	
	対		ἐκείνω	

人称代名詞

		1人称	2人称	3人称
単数	主・呼	ἐγώ	σύ	
	属	ἐμοῦ, μου	σοῦ, σου	οὗ, οὑ
	与	ἐμοί, μοι	σοί, σοι	οἷ, οἱ
	対	ἐμέ, με	σέ, σε	ἕ, ἑ
複数	主・呼	ἡμεῖς	ὑμεῖς	σφεῖς
	属	ἡμῶν	ὑμῶν	σφῶν
	与	ἡμῖν	ὑμῖν	σφίσι(ν)
	対	ἡμᾶς	ὑμᾶς	σφᾶς
双数	主・呼	νώ	σφώ	
	属・与	νῷν	σφῷν	
	対	νώ	σφώ	

強意代名詞

	男	女	中
	αὐτός	αὐτή	αὐτό
	αὐτοῦ	αὐτῆς	αὐτοῦ
	αὐτῷ	αὐτῇ	αὐτῷ
	αὐτόν	αὐτήν	αὐτό
	αὐτοί	αὐταί	αὐτά
		αὐτῶν	
	αὐτοῖς	αὐταῖς	αὐτοῖς
	αὐτούς	αὐτάς	αὐτά
	αὐτώ	αὐτά	αὐτώ
	αὐτοῖν	αὐταῖν	αὐτοῖν
	αὐτώ	αὐτά	αὐτώ

再帰代名詞

		1人称		2人称		3人称		
		男性	女性	男性	女性	男性	女性	中性
単数	属	ἐμαυτοῦ	ἐμαυτῆς	σεαυτοῦ	σεαυτῆς	ἑαυτοῦ	ἑαυτῆς	ἑαυτοῦ
	与	ἐμαυτῷ	ἐμαυτῇ	σεαυτῷ	σεαυτῇ	ἑαυτῳ	ἑαυτῇ	ἑαυτῳ
	対	ἐμαυτόν	ἐμαυτήν	σεαυτόν	σεαυτήν	ἑαυτόν	ἑαυτήν	ἑαυτό
複数	属	ἡμῶν αὐτῶν		ὑμῶν αὐτῶν		ἑαυτῶν		
	与	ἡμῖν αὐτοῖς	ἡμῖν αὐταῖς	ὑμῖν αὐτοῖς	ὑμῖν αὐταῖς	ἑαυτοῖς	ἑαυταῖς	ἑαυτοῖς
	対	ἡμᾶς αὐτούς	ἡμᾶς αὐτάς	ὑμᾶς αὐτούς	ὑμᾶς αὐτάς	ἑαυτούς	ἑαυτάς	ἑαυτά

＊2人称および3人称単数はそれぞれσαυτ-, αὑτ- という語幹もある。

不定代名詞

		男・女	中
単数	主	τὶς	τὶ
	属	τινός, του	
	与	τινί, τῳ	
	対	τινά	τὶ
複数	主	τινές	τινά, ἄττα
	属	τινῶν	
	与	τισί(ν)	
	対	τινάς	τινά, ἄττα
双数	主	τινέ	
	属・与	τινοῖν	
	対	τινέ	

疑問代名詞

		男・女	中
単数	主	τίς	τί
	属	τίνος, τοῦ	
	与	τίνί, τῷ	
	対	τίνα	τί
複数	主	τίνες	τίνα
	属	τίνων	
	与	τίσι(ν)	
	対	τίνας	τίνα
双数	主	τίνε	
	属・与	τίνοιν	
	対	τίνε	

関係代名詞

		男	女	中
単数	主	ὅς	ἥ	ὅ
	属	οὗ	ἧς	οὗ
	与	ᾧ	ᾗ	ᾧ
	対	ὅν	ἥν	ὅ
複数	主	οἵ	αἵ	ἅ
	属		ὧν	
	与	οἷς	αἷς	οἷς
	対	οὕς	ἅς	ἅ
双数	主		ὥ	
	属・与		οἷν	
	対		ὥ	

不定関係代名詞

	男	女	中
ὅστις	ἥτις	ὅ τι
οὗτινος, ὅτου	ἧστινος	οὗτινος, ὅτου
ᾧτινι, ὅτῳ	ᾗτινι	ᾧτινι, ὅτῳ
ὅντινα	ἥντινα	ὅ τι
οἵτινες	αἵτινες	ἅτινα, ἅττα
ὧντινων, ὅτων	ὧντινων	ὧντινων, ὅτων
οἷστισι(ν), ὅτοις	αἷστισι(ν)	οἷστισι(ν), ὅτοις
οὕστινας	ἅστινας	ἅτινα, ἅττα
ὥτινε		
οἷντινοιν		
ὥτινε		

定冠詞

	単数			複数			双数		
	男	女	中	男	女	中	男	女	中
主/呼	ὁ	ἡ	τό	οἱ	αἱ	τά	τώ		
属	τοῦ	τῆς	τοῦ	τῶν	τῶν	τῶν	τοῖν		
与	τῷ	τῇ	τῷ	τοῖς	ταῖς	τοῖς	τοῖν		
対	τόν	τήν	τό	τούς	τάς	τά	τώ		

παιδεύω　教える〈能動態〉

		直説法	接続法	命令法	希求法	不定法	分詞
現在	単数	παιδεύω παιδεύεις παιδεύει	παιδεύω παιδεύῃς παιδεύῃ	παίδευε παιδευέτω	παιδεύοιμι παιδεύοις παιδεύοι	παιδεύειν	παιδεύων, -ουσα, -ον
	複数	πειδεύομεν πειδεύετε παιδεύουσι(ν)	παιδεύωμεν παιδεύητε παιδεύωσι(ν)	παιδεύετε παιδευόντων (παιδευέτωσαν)	παιδεύοιμεν παιδεύοιτε παιδεύοιεν		
	双数	παιδεύετον παιδεύετον	παιδεύητον παιδεύητον	παιδεύετον παιδευέτων	παιδεύοιτον παιδευοίτην		
未完了過去	単数	ἐπαίδευον ἐπαίδευες ἐπαίδευε(ν)					
	複数	ἐπαιδεύομεν ἐπαιδεύετε ἐπαίδευον					
	双数	ἐπαιδεύετον ἐπαιδευέτην					
未来	単数	παιδεύσω παιδεύσεις παιδεύσει			παιδεύσοιμι παιδεύσοις παιδεύσοι	παιδεύσειν	παιδεύσων, -ουσα, -ον
	複数	παιδεύσομεν παιδεύσετε παιδεύσουσι(ν)			παιδεύσοιμεν παιδεύσοιτε παιδεύσοιεν		
	双数	παιδεύσετον παιδεύσετον			παιδεύσοιτον παιδευσοίτην		
アオリスト	単数	ἐπαίδευσα ἐπαίδευσας ἐπαίδευσε(ν)	παιδεύσω παιδεύσῃς παιδεύσῃ	παίδευσον παιδευσάτω	παιδεύσαιμι παιδεύσαις παιδεύσαι	παιδεῦσαι	παιδεύσᾱς, -ᾱσα, -αν
	複数	ἐπαιδεύσαμεν ἐπαιδεύσατε ἐπαίδευσαν	παιδεύσωμεν παιδεύσητε παιδεύσωσι(ν)	παιδεύσατε παιδευσάντων (παιδευσάτωσαν)	παιδεύσαιμεν παιδεύσαιτε παιδεύσαιεν		
	双数	ἐπαιδεύσατον ἐπαιδευσάτην	παιδεύσητον παιδεύσητον	παιδεύσατον παιδευσάτων	παιδεύσαιτον παιδευσαίτην		
完了	単数	πεπαίδευκα πεπαίδευκας πεπαίδευκε(ν)	πεπαιδεύκω πεπαιδεύκῃς πεπαιδεύκῃ	πεπαίδευκε πεπαιδευκέτω	πεπαιδεύκοιμι πεπαιδεύκοις πεπαιδεύκοι	πεπαιδευκέναι	πεπαιδευκώς, -υῖα, -ός
	複数	πεπαιδεύκαμεν πεπαιδεύκατε πεπαιδεύκᾱσι(ν)	πεπαιδεύκωμεν πεπαιδεύκητε πεπαιδεύκωσι(ν)	πεπαιδεύκετε πεπαιδευκόντων (πεπαιδευκέτωσαν)	πεπαιδεύκοιμεν πεπαιδεύκοιτε πεπαιδεύκοιεν		
	双数	πεπαιδεύκατον πεπαιδεύκατον	πεπαιδεύκητον πεπαιδεύκητον	πεπαιδεύκετον πεπαιδευκέτων	πεπαιδεύκοιτον πεπαιδευκοίτην		
過去完了	単数	ἐπεπαιδεύκη, -κειν ἐπεπαιδεύκης, -κεις ἐπεπαιδεύκει(ν)					
	複数	ἐπεπαιδεύκεμεν ἐπεπαιδεύκετε ἐπεπαιδεύκεσαν					
	双数	ἐπεπαιδεύκετον ἐπεπαιδευκέτην					

* 希求法アオリストの2および3人称単数と3人称複数にはそれぞれ -σειας, -σειε(ν), -σειαν という形もある。

〈中動態〉

		直説法	接続法	命令法	希求法	不定法	分詞
現在	単数	παιδεύομαι παιδεύῃ, -ει παιδεύεται	παιδεύωμαι πειδεύῃ παιδεύηται	παιδεύου παιδευέσθω	παιδευοίμην παιδεύοιο παιδεύοιτο	παιδεύεσθαι	παιδευόμενος, -η, -ον
	複数	παιδευόμεθα παιδεύεσθε παιδεύονται	παιδευώμεθα παιδεύησθε παιδεύωνται	παιδεύεσθε παιδευέσθων (παιδευέσθωσαν)	παιδευοίμεθα παιδεύοισθε παιδεύοιντο		
	双数	παιδεύεσθον παιδεύεσθον	παιδεύησθον παιδεύησθον	παιδεύεσθον παιδευέσθων	παιδεύοισθον παιδευοίσθην		
未完了過去	単数	ἐπαιδευόμην ἐπαιδεύου ἐπαιδεύετο					
	複数	ἐπαιδευόμεθα ἐπαιδεύεσθε ἐπαιδεύοντο					
	双数	ἐπαιδεύεσθον ἐπαιδευέσθην					
未来	単数	παιδεύσομαι παιδεύσῃ, -ει παιδεύσεται			παιδευσοίμην παιδεύσοιο παιδεύσοιτο	παιδεύσεσθαι	παιδευσόμενος, -η, -ον
	複数	παιδευσόμεθα παιδεύσεσθε παιδεύσονται			παιδευσοίμεθα παιδεύσοισθε παιδεύσοιντο		
	双数	παιδεύσεσθον παιδεύσεσθον			παιδεύσοισθον παιδευσοίσθην		
アオリスト	単数	ἐπαιδευσάμην ἐπαιδεύσω ἐπαιδεύσατο	παιδεύσωμαι παιδεύσῃ παιδεύσηται	παίδευσαι παιδευσάσθω	παιδευσαίμην παιδεύσαιο παιδεύσαιτο	παιδεύσασθαι	παιδευσάμενος, -η, -ον
	複数	ἐπαιδευσάμεθα ἐπαιδεύσασθε ἐπαιδεύσαντο	παιδευσώμεθα παιδεύσησθε παιδεύσωνται	παιδεύσασθε παιδευσάσθων (παιδευσάσθωσαν)	παιδευσαίμεθα παιδεύσαισθε παιδεύσαιντο		
	双数	ἐπαιδεύσασθον ἐπαιδευσάσθην	παιδεύσησθον παιδεύσησθον	παιδεύσασθον παιδευσάσθων	παιδεύσαισθον παιδευσαίσθην		
完了	単数	πεπαίδευμαι πεπαίδευσαι πεπαίδευται	πεπαιδευμένος..., + ὦ, ᾖς, ᾖ	πεπαίδευσο πεπαιδεύσθων	πεπαιδευμένος..., + εἴην, εἴης, εἴη	πεπαιδεῦσθαι	πεπαιδευμένος, -η, -ον
	複数	πεπαιδεύμεθα πεπαίδευσθε πεπαίδευνται	πεπαιδευμένοι..., + ὦμεν, ᾖτε, ὦσι(ν)	πεπαίδευσθε πεπαιδεύσθων (πεπαιδεύσθωσαν)	πεπαιδευμένοι..., + εἴημεν, εἴητε...		
	双数	πεπαίδευσθον πεπαίδευσθον	πεπαιδευμένω + ᾖτον	πεπαίδευσθον πεπαιδεύσθων	πεπαιδευμένω + εἴητον, εἰήτην...		

174

		直説法	接続法	命令法	希求法	不定法	分詞
過去完了	単数	ἐπεπαιδεύμην ἐπεπαίδευσο ἐπεπαίδευτο					
	複数	ἐπεπαιδεύμεθα ἐπεπαίδευσθε ἐπεπαίδευντο					
	双数	ἐπεπαίδευσθον ἐπεπαιδεύσθην					
未来完了	単数	πεπαιδεύσομαι πεπαιδεύσῃ, -ει πεπαιδεύσεται			πεπαιδευσοίμην πεπαιδεύσοιο πεπαιδεύσοιτο	πεπαιδεύσεσθαι	πεπαιδευσόμενος, -η, -ον
	複数	πεπαιδευσόμεθα πεπαιδεύσεσθε πεπαιδεύσονται			πεπαιδευσοίμεθα πεπαιδεύσοισθε πεπαιδεύσοιντο		
	双数	πεπαιδεύσεσθον πεπαιδεύσεσθον			πεπαιδεύσοισθον πεπαιδευσοίσθην		

〈受動態〉（アオリスト、未来以外は中動態の活用と同じ）

		直説法	接続法	命令法	希求法	不定法	分詞
アオリスト	単数	ἐπαιδεύθην ἐπαιδεύθης ἐπαιδεύθη	παιδευθῶ παιδευθῇς παιδευθῇ	παιδεύθητι παιδευθήτω	παιδευθείην παιδευθείης παιδευθείη	παιδευθῆναι	παιδευθείς, -εῖσα, -έν
	複数	ἐπαιδεύθημεν ἐπαιδεύθητε ἐπαιδεύθησαν	παιδευθῶμεν παιδευθῆτε παιδευθῶσι(ν)	παιδεύθητε παιδευθέντων (παιδευθήτωσαν)	παιδευθείημεν, -θεῖμεν παιδευθείητε, -θεῖτε παιδευθείησαν, -θεῖεν		
	双数	ἐπαιδεύθητον ἐπαιδευθήτην	παιδευθῆτον παιδευθῆτον	παιδεύθητον παιδευθήτων	παιδευθείητον, -θεῖτον παιδευθειήτην, -θείτην		
未来	単数	παιδευθήσομαι παιδευθήσῃ, -ει παιδευθήσεται			παιδευθησοίμην παιδευθήσοιο παιδευθήσοιτο	παιδευθήσεσθαι	παιδευθησόμενος, -η, -ον
	複数	παιδευθησόμεθα παιδευθήσεσθε πεπαιδεύσονται			παιδευθησοίμεθα παιδευθήσοισθε παιδευθήσοιντο		
	双数	παιδευθήσεσθον παιδευθήσεσθον			παιδευθήσοισθον παιδευθησοίσθην		

約音動詞　τῑμάω　尊重する
〈能動態〉

		直説法		接続法		命令法	
現在	単数	τῑμάω	τῑμῶ	τῑμάω	τῑμῶ		
		τῑμάεις	τῑμᾷς	τῑμάῃς	τῑμᾷς	τίμαε	τίμᾱ
		τῑμάει	τῑμᾷ	τῑμάῃ	τῑμᾷ	τῑμαέτω	τῑμάτω
	複数	τῑμάομεν	τῑμῶμεν	τῑμάωμεν	τῑμῶμεν		
		τῑμάετε	τῑμᾶτε	τῑμάητε	τῑμᾶτε	τῑμάετε	τῑμᾶτε
		τῑμάουσι(ν)	τῑμῶσι(ν)	τῑμάωσι(ν)	τῑμῶσι(ν)	τῑμαόντων	τῑμώντων
						(τῑμαέτωσαν)	(τῑμάτωσαν)
	双数	τῑμάετον	τῑμᾶτον	τῑμάητον	τῑμᾶτον	τῑμάετον	τῑμᾶτον
		τῑμάετον	τῑμᾶτον	τῑμάητον	τῑμᾶτον	τῑμαέτων	τῑμάτων
未完了過去	単数	ἐτίμαον	ἐτίμων				
		ἐτίμαες	ἐτίμᾱς				
		ἐτίμαε(ν)	ἐτίμᾱ				
	複数	ἐτῑμάομεν	ἐτῑμῶμεν				
		ἐτῑμάετε	ἐτῑμᾶτε				
		ἐτίμαον	ἐτίμων				
	双数	ἐτῑμάετον	ἐτῑμᾶτον				
		ἐτῑμαέτην	ἐτῑμάτην				

〈中動態〉

		直説法		接続法		命令法	
現在	単数	τῑμάομαι	τῑμῶμαι	τῑμάωμαι	τῑμῶμαι		
		τῑμάῃ, -ει	τῑμᾷ	τῑμάῃ	τῑμᾷ	τῑμάου	τιμῶ
		τῑμάεται	τῑμᾶται	τῑμάηται	τῑμᾶται	τῑμαέσθω	τῑμᾶσθω
	複数	τῑμαόμεθα	τῑμώμεθα	τῑμαώμεθα	τῑμώμεθα		
		τῑμάεσθε	τῑμᾶσθε	τῑμάησθε	τῑμᾶσθε	τῑμάεσθε	τῑμᾶσθε
		τῑμάονται	τῑμῶνται	τῑμάωνται	τῑμῶνται	τῑμαέσθων	τῑμάσθων
						(τῑμαέσθωσαν)	(τῑμάσθωσαν)
	双数	τῑμάεσθον	τῑμᾶσθον	τῑμάησθον	τῑμᾶσθον	τῑμάεσθον	τῑμᾶσθον
		τῑμάεσθον	τῑμᾶσθον	τῑμάησθον	τῑμᾶσθον	τῑμαέσθων	τῑμάσθων
未完了過去	単数	ἐτῑμαόμην	ἐτῑμώμην				
		ἐτῑμάου	ἐτῑμῶ				
		ἐτῑμάετο	ἐτῑμᾶτο				
	複数	ἐτῑμαόμεθα	ἐτῑμώμεθα				
		ἐτῑμάεσθε	ἐτῑμᾶσθε				
		ἐτμάοντο	ἐτῑμῶντο				
	双数	ἐτῑμάεσθον	ἐτῑμᾶσθον				
		ἐτῑμαέσθην	ἐτῑμάσθην				

		希求法		不定法		分詞	
現在	単数	τῑμάοιμι τῑμάοις τῑμάοι	τῑμῷμι, -ῴην τῑμῷς, -ῴης τῑμῷ, -ῴη	τῑμάειν	τῑμᾶν	τῑμάων, -ουσα, -ον	τῑμῶν, -ῶσα, -ῶν
	複数	τῑμάοιμεν τῑμάοιτε τῑμάοιεν	τῑμῷμεν, -ῴμεν τῑμῷτε, -ῴητε τῑμῷεν				
	双数	τῑμάοιτον τῑμαοίτην	τῑμῷτον, -ῴητον τῑμῷτην, -ῴητην				
未完了過去	単数						
	複数						
	双数						

		希求法		不定法		分詞	
現在	単数	τῑμαοίμην τῑμάοιο τῑμάοιτο	τῑμῴμην τῑμῷο τῑμῷτο	τῑμάεσθαι	τῑμᾶσθαι	τῑμαόμενος, -η, -ον	τῑμώμενος, -η, -ον
	複数	τῑμαοίμεθα τῑμάοισθε τῑμάοιντο	τῑμῴμεθα τῑμῷσθε τῑμῷντο				
	双数	τῑμάοισθον τῑμαοίσθην	τῑμῷσθον τῑμῴσθην				
未完了過去	単数						
	複数						
	双数						

177

約音動詞 ποιέω 作る
〈能動態〉

<table>
<tr><th colspan="2"></th><th colspan="2">直説法</th><th colspan="2">接続法</th><th colspan="2">命令法</th></tr>
<tr><td rowspan="9">現在</td><td rowspan="3">単数</td><td>ποιέω</td><td>ποιῶ</td><td>ποιέω</td><td>ποιῶ</td><td></td><td></td></tr>
<tr><td>ποιέεις</td><td>ποιεῖς</td><td>ποιέῃς</td><td>ποιῇς</td><td>ποίεε</td><td>ποίει</td></tr>
<tr><td>ποιέει</td><td>ποιεῖ</td><td>ποιέῃ</td><td>ποιῇ</td><td>ποιεέτω</td><td>ποιείτω</td></tr>
<tr><td rowspan="4">複数</td><td>ποιέομεν</td><td>ποιοῦμεν</td><td>ποιέωμεν</td><td>ποιῶμεν</td><td></td><td></td></tr>
<tr><td>ποιέετε</td><td>ποιεῖτε</td><td>ποιέητε</td><td>ποιῆτε</td><td>ποιέετε</td><td>ποιεῖτε</td></tr>
<tr><td>ποιέουσι(ν)</td><td>ποιοῦσι(ν)</td><td>ποιέωσι(ν)</td><td>ποιῶσι(ν)</td><td>ποιεόντων</td><td>ποιούντων</td></tr>
<tr><td></td><td></td><td></td><td></td><td>(ποιεέτωσαν</td><td>ποιείτωσαν)</td></tr>
<tr><td rowspan="2">双数</td><td>ποιέετον</td><td>ποιεῖτον</td><td>ποιέητον</td><td>ποιῆτον</td><td>ποιέετον</td><td>ποιεῖτον</td></tr>
<tr><td>ποιέετον</td><td>ποιεῖτον</td><td>ποιέητον</td><td>ποιῆτον</td><td>ποιεέτων</td><td>ποιείτων</td></tr>
<tr><td rowspan="8">未完了過去</td><td rowspan="3">単数</td><td>ἐποίεον</td><td>ἐποίουν</td><td></td><td></td><td></td><td></td></tr>
<tr><td>ἐποίεες</td><td>ἐποίεις</td><td></td><td></td><td></td><td></td></tr>
<tr><td>ἐποίεε(ν)</td><td>ἐποίει</td><td></td><td></td><td></td><td></td></tr>
<tr><td rowspan="3">複数</td><td>ἐποιέομεν</td><td>ἐποιοῦμεν</td><td></td><td></td><td></td><td></td></tr>
<tr><td>ἐποιέετε</td><td>ἐποιεῖτε</td><td></td><td></td><td></td><td></td></tr>
<tr><td>ἐποίεον</td><td>ἐποίουν</td><td></td><td></td><td></td><td></td></tr>
<tr><td rowspan="2">双数</td><td>ἐποιέετον</td><td>ἐποιεῖτον</td><td></td><td></td><td></td><td></td></tr>
<tr><td>ἐποιεέτην</td><td>ἐποιείτην</td><td></td><td></td><td></td><td></td></tr>
</table>

〈中動態〉

<table>
<tr><th colspan="2"></th><th colspan="2">直説法</th><th colspan="2">接続法</th><th colspan="2">命令法</th></tr>
<tr><td rowspan="8">現在</td><td rowspan="3">単数</td><td>ποιέομαι</td><td>ποιοῦμαι</td><td>ποιέωμαι</td><td>ποιῶμαι</td><td></td><td></td></tr>
<tr><td>ποιέῃ, -ει</td><td>ποιῇ, -εῖ</td><td>ποιέῃ</td><td>ποιῇ</td><td>ποιέου</td><td>ποιοῦ</td></tr>
<tr><td>ποιέεται</td><td>ποιεῖται</td><td>ποιέηται</td><td>ποιῆται</td><td>ποιεέσθω</td><td>ποιείσθω</td></tr>
<tr><td rowspan="4">複数</td><td>ποιεόμεθα</td><td>ποιούμεθα</td><td>ποιεώμεθα</td><td>ποιώμεθα</td><td></td><td></td></tr>
<tr><td>ποιέεσθε</td><td>ποιεῖσθε</td><td>ποιέησθε</td><td>ποιῆσθε</td><td>ποιέεσθε</td><td>ποιεῖσθε</td></tr>
<tr><td>ποιέονται</td><td>ποιοῦνται</td><td>ποιέωνται</td><td>ποιῶνται</td><td>ποιεέσθων</td><td>ποιείσθων</td></tr>
<tr><td></td><td></td><td></td><td></td><td>(ποιεέσθωσαν</td><td>ποιείσθωσαν)</td></tr>
<tr><td rowspan="2">双数</td><td>ποιέεσθον</td><td>ποιεῖσθον</td><td>ποιέησθον</td><td>ποιῆσθον</td><td>ποιέεσθον</td><td>ποιείσθον</td></tr>
<tr><td>ποιέεσθον</td><td>ποιεῖσθον</td><td>ποιέησθον</td><td>ποιῆσθον</td><td>ποιεέσθων</td><td>ποιείσθων</td></tr>
<tr><td rowspan="8">未完了過去</td><td rowspan="3">単数</td><td>ἐποιεόμην</td><td>ἐποιούμην</td><td></td><td></td><td></td><td></td></tr>
<tr><td>ἐποιέου</td><td>ἐποιοῦ</td><td></td><td></td><td></td><td></td></tr>
<tr><td>ἐποιέετο</td><td>ἐποιεῖτο</td><td></td><td></td><td></td><td></td></tr>
<tr><td rowspan="3">複数</td><td>ἐποιεόμεθα</td><td>ἐποιούμεθα</td><td></td><td></td><td></td><td></td></tr>
<tr><td>ἐποιέεσθε</td><td>ἐποιεῖσθε</td><td></td><td></td><td></td><td></td></tr>
<tr><td>ἐποιέοντο</td><td>ἐποιοῦντο</td><td></td><td></td><td></td><td></td></tr>
<tr><td rowspan="2">双数</td><td>ἐποιέεσθον</td><td>ἐποιεῖσθον</td><td></td><td></td><td></td><td></td></tr>
<tr><td>ἐποιεέσθην</td><td>ἐποιείσθην</td><td></td><td></td><td></td><td></td></tr>
</table>

		希求法		不定法		分詞	
現在	単数	ποιέοιμι ποιέοις ποιέοι	ποιοῖμι, -οίην ποιοῖς, -οίης ποιοῖ, -οίη	ποιέειν	ποιεῖν	ποιέων, -ουσα, -ον	ποιῶν, -οῦσα, -οῦν
	複数	ποιέομεν ποιέοιτε ποιέοιεν	ποιοῖμεν, -οίητον ποιοῖτε, -οίητε ποιοῖεν				
	双数	ποιέοιτον ποιεοίτην	ποιοῖτον, -οίητον ποιοίτην, -οιήτην				
未完了過去	単数						
	複数						
	双数						

		希求法		不定法		分詞	
現在	単数	ποιεοίμην ποιέοιο ποιέοιτο	ποιοίμην ποιοῖο ποιοῖτο	ποιέεσθαι	ποιεῖσθαι	ποιεόμενος, -η, -ον	ποιούμενος, -η, ον
	複数	ποιεοίμεθα ποιέοισθε ποιέοιντο	ποιοίμεθα ποιοῖσθε ποιοῖντο				
	双数	ποιέοισθον ποιεοίσθην	ποιοῖσθον ποιοίσθην				
未完了過去	単数						
	複数						
	双数						

約音動詞　δηλόω　明らかにする

〈能動態〉

		直説法		接続法		命令法	
現在	単数	δηλόω δηλόεις δηλόει	δηλῶ δηλοῖς δηλοῖ	δηλόω δηλόῃς δηλόῃ	δηλῶ δηλοῖς δηλοῖ	δήλοε δηλοέτω	δήλου δηλούτω
	複数	δηλόομεν δηλόετε δηλόουσι(ν)	δηλοῦμεν δηλοῦτε δηλοῦσι(ν)	δηλόωμεν δηλόητε δηλόωσι(ν)	δηλῶμεν δηλῶτε δηλῶσι(ν)	δηλόετε δηλοόντων (δηλοέτωσαν)	δηλοῦτε δηλούντων δηλούτωσαν)
	双数	δηλόετον δηλόετον	δηλοῦτον δηλοῦτον	δηλόητον δηλόητον	δηλῶτον δηλῶτον	δηλόετον δηλοέτων	δηλοῦτον δηλούτων
未完了過去	単数	ἐδήλοον ἐδήλοες ἐδήλοε(ν)	ἐδήλουν ἐδήλους ἐδήλου				
	複数	ἐδηλόομεν ἐδηλόετε ἐδήλοον	ἐδηλοῦμεν ἐδηλοῦτε ἐδήλουν				
	双数	ἐδηλόετον ἐδηλοέτην	ἐδηλοῦτον ἐδηλούτην				

〈中動態〉

		直説法		接続法		命令法	
現在	単数	δελόομαι δελόῃ, -ει δληόεται	δηλοῦμαι δηλοῖ δηλοῦται	δηλόωμαι δηλόῃ δηλόηται	δηλῶμαι δηλοῖ δηλῶται	δηλόου δηλοέσθω	δηλοῦ δηλούσθω
	複数	δηλοόμεθα δηλόεσθε δηλόονται	δηλούμεθα δηλοῦσθε δηλοῦνται	δηλοώμεθα δηλόησθε δηλόωνται	δηλώμεθα δηλῶσθε δηλῶνται	δηλόεσθε δηλοέσθων (δηλοέσθωσαν)	δηλοῦσθε δηλούσθων δηλούσθωσαν)
	双数	δηλόεσθον δηλόεσθον	δηλοῦσθον δηλοῦσθον	δηλόησθον δηλόησθον	δηλῶσθον δηλῶσθον	δηλόεσθον δηλοέσθων	δηλοῦσθον δηλούσθων
未完了過去	単数	ἐδηλοόμην ἐδηλόου ἐδηλόετο	ἐδηλούμεν ἐδηλοῦ ἐδηλοῦτο				
	複数	ἐδηλοόμεθα ἐδηλόεσθε ἐδηλόοντο	ἐδηλούμεθα ἐδηλοῦσθε ἐδηλοῦντο				
	双数	ἐδηλοέσθον ἐδηλοέσθην	ἐδηλοῦσθον ἐδηλούσθην				

		希求法		不定法		分詞	
現在	単数	δηλόοιμι δηλόοις δηλόοι	δηλοῖμι, -οίην δηλοῖς, -οίης δηλοῖ, -οίη	δηλόειν	δηλοῦν	δηλόων, -ουσα, -ον	δηλῶν, -οῦσα, -οῦν
	複数	δηλόοιμεν δηλόοιτε δηλόοιεν	δηλοῖμεν, -οίημεν δηλοῖτε, -οίητε δηλοῖεν				
	双数	δηλόοιτον δηλοοίτην	δηλοῖτον, -οίητον δηλοίτην, -οιήτην				
未完了過去	単数						
	複数						
	双数						

		希求法		不定法		分詞	
現在	単数	δηλοοίμην δηλόοιο δηλόοιτο	δηλοίμην δηλοῖο δηλοῖτο	δηλόεσθαι	δηλοῦσθαι	δηλούμενος, -η, -ον	δελούμενος, -η, -ον
	複数	δηλοοίμεθα δηλόοισθε δηλόοιντο	δηλοίμεθα δηλοῖσθε δηλοῖντο				
	双数	δηλόοισθον δηλοοίσθην	δηλοῖσθον δηλοίσθην				
未完了過去	単数						
	複数						
	双数						

181

黙音幹　λείπω　残す
〈能動態〉

		直説法	接続法	命令法	希求法	不定法	分詞
第二アオリスト	単数	ἔλιπον ἔλιπες ἔλιπε(ν)	λίπω λίπῃς λίπῃ	λίπε λιπέτω	λίποιμι λίποις λίποι	λιπεῖν	λιπών, -οῦσα, -όν
	複数	ἐλίπομεν ἐλίπετε ἔλιπον	λίπωμεν λίπητε λίπωσι(ν)	λίπετε λιπόντων (λιπέτωσαν)	λόποιμεν λίποιτε λίποιεν		
	双数	ἐλίπετον ἐλιπέτην	λίπητον λίπητον	λίπετον λιπέτων	λίποιτον λιποίτην		
第二完了	単数	λέλοιπα λέλοιπας λέλοιπε(ν)	λελοίπω λελοίπῃς λελοίπῃ	λέλοιπε λελοιπέτω	λελοίποιμι λελοίποις λελοίποι	λελοιπέναι	λελοιπώς, -υῖα, -ός
	複数	λελοίπαμεν λελοίπατε λελοίπᾱσι(ν)	λελοίπωμεν λελοίπητε λελοίπωσι(ν)	λελοίπετε λελοιπέτων (λελοιπέτωσαν)	λελοίποιμεν λελοίποιτε λελοίποιεν		
	双数	λελοίπατον λελοίπατον	λελοίπητον λελοίπητον	λελοίπετον λελοιπέτων	λελοίποιτον λελοιποίτην		
第二過去完了	単数	ἐλελοίπη, -ειν ἐλελοίπης, -εις ἐλελοίπει, -ειν					
	複数	ἐλελοίπομεν ἐλελοίπετε ἐλελοίπεσαν					
	双数	ἐλελοίπετον ἐλελοιπέτην					

〈中動態〉

		直説法	接続法	命令法	希求法	不定法	分詞
第二アオリスト	単数	ἐλιπόμην ἐλίπου ἐλίπετο	λίπωμαι λίπῃ λίπηται	λιποῦ λιπέσθω	λιποίμην λίποιο λίποιτο	λιπέσθαι	λιπόμενος, -η, -ον
	複数	ἐλιπόμεθα ἐλίπεσθε ἐλίποντο	λιπώμεθα λίπησθε λίπωνται	λίπεσθε λιπέσθων (λιπέσθωσαν)	λιποίμεθα λίποισθε λίποιντο		
	双数	ἐλίπεσθον ἐλιπέσθην	λίπησθον λίπησθον	λίπεσθον λιπέσθων	λίποισθον λιποίσθην		
完了	単数	λέλειμμαι λέλειψαι λέλειπται	λελειμμένος... + ὦ, ᾖς, ᾖ	λέλειψο λελείφθω	λελειμμένος... + εἴην, εἴης, εἴη	λελεῖφθαι	λελειμμένος, -η, -ου
	複数	λελείμμεθα λέλειφθε λελειμμένοι εἰσί(ν)	λελειμμένοι... + ὦμεν, ἦτε, ὦσι(ν)	λέλειφθε λελείφθων (λελείφθωσαν)	λελεμμένοι... + εἴημεν εἴητε...		
	双数	λέλειφθον λέλειφθον	λελειμμένω ἦτον λελειμμένω ἦτον	λέλειφθον λελείφθων	λελειμμένω + εἴητον, εἰήτην...		
過去完了	単数	ἐλελείμμην ἐλέλειψο ἐλέλειπτο					
	複数	ἐλελείμμεθα ἐλέλειφθε λελειμμένοι ἦσαν					
	双数	ἐλέλειφθον ἐλελείφθην					
未来完了	単数	λελείψομαι λελείψῃ, -ει λελείψεται			λελειψοίμην λελείψοιο λελείψοιτο	λελείψεσθαι	λελειψόμενος, -η, -ον
	複数	λελειψόμεθα λελείψεσθε λελείψονται			λελειψοίμεθα λελείψοισθε λελείψοιντο		
	双数	λελείψεσθον λελείψεσθον			λελείψοισθον λελειψοίσθην		

183

流音幹　φαίνω　現われる

〈能動態〉

		直説法	接続法	命令法	希求法	不定法	分詞
アオリスト	単数	ἔφηνα ἔφηνας ἔφηνε(ν)	φήνω φήνῃς φήνῃ	φῆνον φηνάτω	φήναιμι φήναις, -ειας φήναι, -ειε(ν)	φῆναι	φήνᾱς, -νᾱσα, -ναν
	複数	ἐφήναμεν ἐφήνατε ἔφηναν	φήνωμεν φήνητε φήνωσι(ν)	φήνατε φηνάντων (φηνάτωσαν)	φήναιμεν φήναιτε φήναιεν, -ειαν		
	双数	ἐφήνατον ἐφηνάτην	φήνητον φήνητον	φήνατον φηνάτων	φήναιτον φηναίτην		
未来	単数	φανῶ φανεῖς φανεῖ			φανοῖμι, -οίην φανοῖς, -οίης φανοῖ, -οίη	φανεῖν	φανῶν, -οῦσα, -οῦν
	複数	φανοῦμεν φανεῖτε φανοῦσι(ν)			φανοῖμεν, -οίημεν φανοῖτε, -οίητε φανοῖεν		
	双数	φανεῖτον φανεῖτον			φανοῖτον, -οίητον φανοίτην, -οιήτην		

〈中動態〉

		直説法	接続法	命令法	希求法	不定法	分詞
アオリスト	単数	ἐφηνάμην ἐφήνω ἐφήνατο	φήνωμαι φήνῃ φήνηται	φῆναι φηνπάσθω	φηναίμην φήναιο φήναιτο	φήνασθαι	φήναμενος, -η, -ον
	複数	ἐφηνάμεθα ἐφήνασθε ἐφήναντο	φηνώμεθα φήνησθε φήνωνται	φήνασθε φηνάσθων (φηνάσθωσαν)	φηναίμεθα φήναισθε φήναιντο		
	双数	ἐφήνασθον ἐφηνάσθην	φήνησθον φήνησθον	φήνασθον φηνάσθων	φήναισθον φηναίσθην		
未来	単数	φανοῦμαι φανῇ, -εῖ φανεῖται			φανοίμην φανοῖο φανοῖτο	φανεῖσθαι	φανούμενος, -η, -ον
	複数	φανούμεθα φανεῖσθε φανοῦνται			φανοίμεθα φανοῖσθε φανοῖντο		
	双数	φανεῖσθον φανεῖσθον			φανοῖσθον φανοίσθην		

〈受動態〉

		直説法	接続法	命令法	希求法	不定法	分詞
第二アオリスト	単数	ἐφάνην ἐφάνης ἐφάνη	φανῶ φανῇς φανῇ	φάνηθι φανήτω	φανείην φανείης φανείη	φανῆναι	φανείς, -νεῖσα, -νεν
	複数	ἐφάνημεν ἐφάνητε ἐφάνησαν	φανῶμεν φανῆτε φανῶσι(ν)	φάνητε φανέντων (φανήτωσαν)	φανείημεν, -εῖμεν φανείητε, -εῖτε φανείησαν, -εῖεν		
	双数	ἐφάνητον ἐφανήτην	φανῆτον φανῆτον	φάνητον φανήτων	φανείητον, -εῖτον φανειήτην, -είτην		
第二未来	単数	φανήσομαι φανήσῃ, -ει φανήσεται			φανησοίμην φανήσοιο φανήσοιτο	φανήσεσθαι	φανησόμενος, -η, -ον
	複数	φανησόμεθα φανήσεσθε φανήσονται			φανησοίμεθα φανήσοισθε φανήσοιντο		
	双数	φανήσεσθον φανήσεσθον			φανήσοισθον φανησοίσθην		

τίθημι 置く
〈能動態〉

		直説法	接続法	命令法	希求法	不定法	分詞
現在	単数	τίθημι τίθης τίθησι(ν)	τιθῶ τιθῇς τιθῇ	τίθει τιθέτω	τιθείην τιθείης τιθείη	τιθέναι	τιθείς, -θεῖσα, -θέν
	複数	τίθεμεν τίθετε τιθέᾱσι(ν)	τιθῶμεν τιθῆτε τιθῶσι(ν)	τίθετε τιθέντων (τιθέτωσαν)	τιθείημεν, -εῖμεν τιθείητε, -εῖτε τιθείησαν, -εῖεν		
	双数	τίθετον τίθετον	τιθῆτον τιθῆτον	τίθετον τιθέτων	τιθείητον, -εῖτον τιθειήτην, -είτην		
未完了過去	単数	ἐτίθην ἐτίθεις, -ης ἐτίθει, -η					
	複数	ἐτίθεμεν ἐτίθετε ἐτίθεσαν					
	双数	ἐτίθετον ἐτιθέτην					
第一・第二アオリスト	単数	ἔθηκα ἔθηκας (第一) ἔθηκε(ν)	θῶ θῇς θῇ	θές θέτω	θείην θείης θείη	θεῖναι	θείς, θεῖσα, θέν
	複数	ἔθεμεν ἔθετε ἔθεσαν	θῶμεν θῆτε θῶσι(ν)	θέτε θέντων (θέτωσαν)	θείημεν, θεῖμεν θείητε, θεῖτε θείησαν, θεῖεν		
	双数	ἔθετον ἐθέτην	θῆτον θῆτον	θέτον θέτων	θείητον, θεῖτον θειήτην, θείτην		

〈中動態〉

		直説法	接続法	命令法	希求法	不定法	分詞
現在	単数	τίθεμαι τίθεσαι τίθεται	τιθῶμαι τιθῇ τιθῆται	 τίθεσο τιθέσθω	τιθείμην τιθεῖο τιθεῖτο	τίθεσθαι	τιθέμενος, -η, -ον
	複数	τιθέμεθα τίθεσθε τίθενται	τιθώμεθα τιθῆσθε τιθῶνται	 τίθεσθε τιθέσθων (τιθέσθωσαν)	τιθείμεθα τιθεῖσθε τιθεῖντο		
	双数	τίθεσθον τίθεσθον	τιθῆσθον τιθῆσθον	τίθεσθον τιθέσθων	τιθεῖσθον τιθείσθην		
未完了過去	単数	ἐτιθέμην ἐτίθεσο ἐτίθετο					
	複数	ἐτιθέμεθα ἐτίθεσθε ἐτίθεντο					
	双数	ἐτίθεσθον ἐτιθέσθην					
第二アオリスト	単数	ἐθέμην ἔθου ἔθετο	θῶμαι θῇ θῆται	 θοῦ θέσθω	θείμην θεῖο θεῖτο	θέσθαι	θέμενος, -η, -ον
	複数	ἐθέμεθα ἔθεσθε ἔθεντο	θώμεθα θῆσθε θῶνται	 θέσθε θέσθων (θέσθωσαν)	θείμεθα θεῖσθε θεῖντο		
	双数	ἔθεσθον ἐθέσθην	θῆσθον θῆσθον	θέσθον θέσθων	θεῖσθον θείσθην		

187

ἵστημι 立てる

〈能動態〉

		直説法	接続法	命令法	希求法	不定法	分詞
現在	単数	ἵστημι ἵστης ἵστησι(ν)	ἱστῶ ἱστῇς ἱστῇ	ἵστη ἱστάτω	ἱσταίην ἱσταίης ἱσταίη	ἱστάναι	ἱστάς, -ᾶσα, -άν
現在	複数	ἵσταμεν ἵστατε ἱστᾶσι(ν)	ἱστῶμεν ἱστῆτε ἱστῶσι(ν)	ἵστατε ἱστάντων (ἱστάτωσαν)	ἱσταίημεν, -αῖμεν ἱσταίητε, -αῖτε ἱσταίησαν, -αῖεν		
現在	双数	ἵστατον ἵστατον	ἱστῆτον ἱστῆτον	ἵστατον ἱστάτων	ἱσταίητον, -αῖτον ἱσταιήτην, -αίτην		
未完了過去	単数	ἵστην ἵστης ἵστη					
未完了過去	複数	ἵσταμεν ἵστατε ἵστασαν					
未完了過去	双数	ἵστατον ἱστάτην					
第二アオリスト	単数	ἔστην ἔστης ἔστη	στῶ στῇς στῇ	στῆθι στήτω	σταίην σταίης σταίη	στῆναι	στάς, στᾶσα, στάν
第二アオリスト	複数	ἔστημεν ἔστητε ἔστησαν	στῶμεν στῆτε στῶσι(ν)	στῆτε στάντων (στήτωσαν)	σταίημεν, -αῖμεν σταίητε, -αῖτε σταίησαν, -αῖεν		
第二アオリスト	双数	ἔστητον ἐστήτην	στῆτον στῆτον	στῆτον στήτων	σταίητον, -αῖτον σταιήτην, -αίτην		
第一・第二完了	単数	ἕστηκα ἕστηκας (第一) ἕστηκε(ν)	ἑστῶ ἑστῇς ἑστῇ	ἕσταθι ἑστάτω	ἑσταίην ἑσταίης ἑσταίη	ἑστάναι	ἑστώς, -ῶσα, -τός
第一・第二完了	複数	ἕσταμεν ἕστατε ἑστᾶσι(ν)	ἑστῶμεν ἑστῆτε ἑστῶσι(ν)	ἕστατε ἑστάντων (ἑστάτωσαν)	ἑσταίημεν, -αῖμεν ἑσταίητε, -αῖτε ἑσταίησαν, -αῖεν		
第一・第二完了	双数	ἕστατον ἕστατον	ἑστῆτον ἑστῆτον	ἕστατον ἑστάτων	ἑσταίητον, -αῖτον ἑσταιήτην, -αίτην		
第一・第二過去完了	単数	εἱστήκη εἱστήκης (第一) εἱστήκει(ν)					
第一・第二過去完了	複数	ἕσταμεν ἕστατε ἕστασαν					
第一・第二過去完了	双数	ἕστατον ἐστάτην					

〈中動態〉

		直説法	接続法	命令法	希求法	不定法	分詞
現在	単数	ἵσταμαι ἵστασαι ἵσταται	ἱστῶμαι ἱστῇ ἱστῆται	 ἵστασο ἱστάσθω	ἱσταίμην ἱσταῖο ἱσταῖτο	ἵστασθαι	ἱστάμενος, -η, -ον
	複数	ἱστάμεθα ἵστασθε ἵστανται	ἱστώμεθα ἱστῆσθε ἱστῶνται	 ἵστασθε ἱστάσθων	ἱσταίμεθα ἱσταῖσθε ἱσταῖντο		
	双数	ἵστασθον ἵστασθον	ἱστῆσθον ἱστῆσθον	ἵστασθον ἱστάσθων	ἱσταῖσθον ἱσταίσθην		
未完了過去	単数	ἱστάμην ἵστασο, ἵστω ἵστατο					
	複数	ἱστάμεθα ἵστασθε ἵσταντο					
	双数	ἵστασθον ἱστάσθην					

189

ἵημι　放つ

〈能動態〉

		直説法	接続法	命令法	希求法	不定法	分詞
現在	単数	ἵημι ἵης ἵησι(ν)	ἱῶ ἱῇς ἱῇ	ἵει ἱέτω	ἱείην ἱείης ἱείη	ἱέναι	ἱείς, ἱεῖσα, ἱέν
	複数	ἵεμεν ἵετε ἱᾶσι(ν)	ἱῶμεν ἱῆτε ἱῶσι(ν)	ἵετε ἱέντων (ἱέτωσαν)	ἱείημεν, ἱεῖμεν ἱείητε, ἱεῖτε ἱείησαν, ἱεῖεν		
	双数	ἵετον ἵετον	ἱῆτον ἱῆτον	ἵετον ἱέτων	ἱείητον, ἱεῖτον ἱειήτην, ἱείτην		
未完了過去	単数	ἵειν, ἵην ἵεις ἵει					
	複数	ἵεμεν ἵετε ἵεσαν					
	双数	ἵετον ἱέτην					
第二アオリスト	単数	ἧκα ἧκας (第一) ἧκε(ν)	ὧ ᾗς ᾗ	ἕς ἕτω	εἵην εἵης εἵη	εἷναι	εἵς, εἷσα, ἕν
	複数	εἷμεν εἷτε εἷσαν	ὧμεν ἧτε ὧσι(ν)	ἕτε ἕντων (ἕτωσαν)	εἵημεν, εἷμεν εἵητε, εἷτε εἵησαν, εἷεν		
	双数	εἷτον εἵτην	ἧτον ἧτον	ἕτον ἕτων	εἵητον, εἷτον εἰήτην, εἵτην		

〈中動態〉

		直説法	接続法	命令法	希求法	不定法	分詞
現在	単数	ἵεμαι ἵεσαι ἵεται	ἱῶμαι ἱῇ ἱῆται	ἵεσο ἱέσθω	ἱείμην ἱεῖο ἱεῖτο	ἵεσθαι	ἱέμενος, -η, -ον
	複数	ἱέμεθα ἵεσθε ἵενται	ἱώμεθα ἱῆσθε ἱῶνται	ἵεσθε ἱέσθων (ἱέσθωσαν)	ἱείμεθα ἱεῖσθε ἱεῖντο		
	双数	ἵεσθον ἵεσθον	ἱῆσθον ἱῆσθον	ἵεσθον ἱέσθων	ἱεῖσθον ἱείσθην		
未完了過去	単数	ἱέμην ἵεσο ἵετο					
	複数	ἱέμεθα ἵεσθε ἵεντο					
	双数	ἵεσθον ἱέσθην					
第二アオリスト	単数	εἵμην εἷσο εἷτο	ὧμαι ᾗ ἧται	οὗ ἕσθω	εἵμην εἷο εἷτο	ἕσθαι	ἕμενος, -η, -ον
	複数	εἵμεθα εἷσθε εἷντο	ὤμεθα ἧσθε ὧνται	ἕσθε ἕσθων (ἕσθωσαν)	εἵμεθα εἷσθε εἷντο		
	双数	εἷσθον εἵσθην	ἧσθον ἧσθον	ἕσθον ἕσθων	εἷσθον εἵσθην		

δίδωμι　与える

〈能動態〉

		直説法	接続法	命令法	希求法	不定法	分詞
現在	単数	δίδωμι δίδως δίδωσι(ν)	διδῶ διδῷς διδῷ	δίδου διδότω	διδοίην διδοίης διδοίη	διδόναι	διδούς, διδοῦσα, διδόν
	複数	δίδομεν δίδοτε διδόᾱσι(ν)	διδῶμεν διδῶτε διδῶσι(ν)	δίδοτε διδόντων (διδότωσαν)	διδοίημεν, -οῖμεν διδοίητε, -οῖτε διδοίησαν, -οῖεν		
	双数	δίδοτον δίδοτον	διδῶτον διδῶτον	δίδοτον διδότων	διδοίητον, -οῖτον διδοιήτην, -οίτην		
未完了過去	単数	ἐδίδουν, -ων ἐδίδους, -ως ἐδίδου, -ω					
	複数	ἐδίδομεν ἐδίδοτε ἐδίδοσαν					
	双数	ἐδίδοτον ἐδιδότην					
第一・第二アオリスト	単数	ἔδωκα ἔδωκας (第一) ἔδωκε(ν)	δῶ δῷς δῷ	δός δότω	δοίην δοίης δοίη	δοῦναι	δούς, δοῦσα, δόν
	複数	ἔδομεν ἔδοτε ἔδοσαν	δῶμεν δῶτε δῶσι(ν)	δότε δόντων (δότωσαν)	δοίημεν, δοῖμεν δοίητε, δοῖτε δοίησαν, δοῖεν		
	双数	ἔδοτον ἐδότην	δῶτον δῶτον	δότον δότων	δοίητον, δοῖτον δοιήτην, δοίτην		

〈中動態〉

		直説法	接続法	命令法	希求法	不定法	分詞
現在	単数	δίδομαι δίδοσαι δίδοται	διδῶμαι διδῷ διδῶται	δίδοσο, -δου διδόσθω	διδοίμην διδοῖο διδοῖτο	δίδοσθαι	διδόμενος, -η, -ον
	複数	διδόμεθα δίδοσθε δίδονται	διδώμεθα διδῶσθε διδῶνται	δίδοσθε διδόσθων (διδόσθωσαν)	διδοίμεθα διδοῖσθε διδοῖντο		
	双数	δίδοσθον δίδοσθον	διδῶσθον διδῶσθον	δίδοσθον διδόσθων	διδοῖσθον διδοίσθην		
未完了過去	単数	ἐδιδόμην ἐδίδοσο, -δου ἐδίδοτο					
	複数	ἐδιδόμεθα ἐδίδοσθε ἐδίδοντο					
	双数	ἐδίδοσθον ἐδιδόσθην					
第二アオリスト	単数	ἐδόμην ἔδου ἔδοτο	δῶμαι δῷ δῶται	δοῦ δόσθω	δοίμην δοῖο δοῖτο	δόσθαι	δόμενος, -η, -ον
	複数	ἐδόμεθα ἔδοσθε ἔδοντο	δώμεθα δῶσθε δῶνται	δόσθε δόσθων (δόσθωσαν)	δοίμεθα δοῖσθε δοῖντο		
	双数	ἔδοσθον ἐδόσθην	δῶσθον δῶσθον	δόσθον δόσθων	δοῖσθον δοίσθην		

δείκνῡμι　示す

⟨能動態⟩

		直説法	接続法	命令法	希求法	不定法	分詞
現在	単数	δείκνῡμι δείκνῡς δείκνῡσι(ν)	δεικνύω δεικνύῃς δεικνύῃ	δείκνῡ δεικνύτω	δεικνύοιμι δεικνύοις δεικνύοι	δεικνύναι	δεικνύς, -νῦσα, -νύν
	複数	δείκνυμεν δείκνυτε δεικνύᾱσι(ν)	δεικνύωμεν δεικνύητε δεικνύωσι(ν)	δείκνυτε δεικνύντων (δεικνύωσαν)	δεικνύοιμεν δεικνύοιτε δεικνύοιεν		
	双数	δείκνυτον δείκνυτον	δεικνύητον δεικνύητον	δείκνυτον δεικνύτων	δεικνύοιτον δεικνυοίτην		
未完了過去	単数	ἐδείκνῡν ἐδείκνῡς ἐδείκνῡ					
	複数	ἐδείκνυμεν ἐδείκνυτε ἐδείκνυσαν					
	双数	ἐδείκνυτον ἐδεικνύτην					

⟨中動態⟩

		直説法	接続法	命令法	希求法	不定法	分詞
現在	単数	δείκνυμαι δείκνυσαι δείκνυται	δεικνύωμαι δεικνύῃ δεικνύηται	δείκνυσο δεικνύσθω	δεικνυοίμην δεικνύοιο δεικνύοιτο	δείκνυσθαι	δεικνύμενος, -η, -ον
	複数	δεικνύμεθα δείκνυσθε δείκνυνται	δεικνυώμεθα δεικνύησθε δεικνύωνται	δείκνυσθε δεικνύσθων (δεικνύσθοσαν)	δεικνυοίμεθα δεικνύοισθε δεικνύοιντο		
	双数	δείκνυσθον δείκνυσθον	δεικνύησθον δεικνύησθον	δείκνυσθον δεικνύσθων	δεικνύοισθον δεικνυοίσθην		
未完了過去	単数	ἐδεικνύμην ἐδείκνυσο ἐδείκνυτο					
	複数	ἐδεικνύμεθα ἐδείκνυσθε ἐδείκνυντο					
	双数	ἐδείκνυσθον ἐδεικνύσθην					

εἰμί　ある

		直説法	接続法	命令法	希求法	不定法	分詞
現在	単数	εἰμί εἶ ἐστί(ν)	ὦ ᾖς ᾖ	ἴσθι ἔστω	εἴην εἴης εἴη	εἶναι	ὤν, οὖσα, ὄν
	複数	ἐσμέν ἐστέ εἰσι(ν)	ὦμεν ἦτε ὦσι(ν)	ἔστε ἔστων, ὄντων (ἔστωσαν)	εἴημεν, εἶμεν εἴητε, εἶτε εἴησαν, εἶεν		
	双数	ἐστόν ἐστόν	ἦτον ἦτον	ἔστον ἔστων	εἴητον, εἶτον εἰήτην, εἴτην		
未完了過去	単数	ἦν, ἦ ἦσθα ἦν					
	複数	ἦμεν ἦτε, ἦστε ἦσαν					
	双数	ἦστον ἤστην					
未来（中動態）	単数	ἔσομοι ἔσῃ, ἔσει ἔσται			ἐσοίμην ἔσοιο ἔσοιτο	ἔσεσθαι	ἐσόμενος, -η, -ον
	複数	ἐσόμεθα ἔσεσθε ἔσονται			ἐσοίμεθα ἔσοισθε ἔσοιντο		
	双数	ἔσεσθον ἔσεσθον			ἔσοισθον ἐσοίσθην		

εἶμι　行く

		直説法	接続法	命令法	希求法	不定法	分詞
現在	単数	εἶμι εἶ εἶσι(ν)	ἴω ἴῃς ἴῃ	ἴθι ἴτω	ἴοιμι, ἰοίην ἴοις ἴοι	ἰέναι	ἰών, ἰοῦσα, ἰόν
	複数	ἴμεν ἴτε ἴᾱσι(ν)	ἴωμεν ἴητε ἴωσι(ν)	ἴτε ἰόντων (ἴτωσαν)	ἴοιμεν ἴοιτε ἴοιεν		
	双数	ἴτον ἴτον	ἴητον ἴητον	ἴτον ἴτων	ἴοιτον ἰοίτην		
未完了過去	単数	ᾖα, ᾖειν ᾔεισθα, ᾔεις ᾔει, ᾔειν					
	複数	ᾖμεν, ᾔειμεν ᾖτε, ᾔειτε ᾖσαν, ᾔεσαν					
	双数	ᾖτον ᾔτην					

φημί 言う

		直説法	接続法	命令法	希求法	不定法	分詞
現在	単数	φημί φῄς, φής φησί(ν)	φῶ φῇς φῇ	φάθι, φαθί φάτω	φαίην φαίης φαίη	φάναι	φάς, φᾶσα, φάν
現在	複数	φαμέν φατέ φᾱσί(ν)	φῶμεν φῆτε φῶσι(ν)	φάτε φάντων	φαῖμεν, φαίημεν φαῖτε φαῖεν, φαίησαν		
現在	双数	φατόν φατόν	φῆτον φῆτον	φάτον φάτων	φαῖτον φαίτην		
未完了過去	単数	ἔφην ἔφησθα ἔφη					
未完了過去	複数	ἔφαμεν ἔφατε ἔφασαν					
未完了過去	双数	ἔφατον ἐφάτην					

文法項目索引

あ
アオリスト　*43*
アクセント　*8, 9, 22, 32*
アッテイカ式畳音　*84*
「ある、いる」(sum, εἰμί)　*31, 32*
音節（短音節、長音節）　*136, 137*

か
加音　*27*
格　*14, 116*
活用　*11*
関係節　*62*
関係代名詞　*62*
間接疑問文　*125*
間接再帰　*96*
間接話法　*94, 123*
完了幹　*41*
完了形　*40*
　過去完了　*52*
　第二過去完了　*52*
　未来完了　*53*
気息記号　*8*
疑問代名詞　*63, 65*
疑問符　*13*
強意代名詞　*58*
希求法　*108*
　アイオリス希求法　*109*
曲用　*11*
屈折　*11*
形式受動相動詞　*83*

形容詞
　第一・第二変化形容詞　*24*
　第三変化形容詞　*46, 47*
　第一・第三変化形容詞　*48*
現在幹　*13*
語順　*19*

さ
再帰　*58*
　非再帰　*58*
再帰代名詞　*60*
指示代名詞　*67, 68*
下書きのイオータ　*8*
受動態　*72*
受動分詞　*88*
畳音　*42*
条件文　*127*
所有形容詞　*60*
数（すう）　*12*
　双数　*12*
数詞　*131*
　基数詞　*132*
　序数詞　*134*
接続法　*103, 104*
前置詞　*54, 55*
　格支配　*56*
先行詞　*62*

た
帯気音　*136*

197

第二アオリスト　*74*
第二未来　*74*
代表形　*13*
中動態　*70*
直説法　*103*
直接話法　*123*
定冠詞　*17*
動形容詞　*119*
動名詞　*121*
独立奪格　*91*
独立属格　*91*

な

人称　*12*
人称代名詞　*57*
能相欠如動詞　*83*
能動態　*12*

は

鼻音　*44*
比較級・最上級　*111, 112*
非人称受動　*99*
非人称表現　*97*
不定法　*12, 93*
副詞の比較級・最上級　*114*
不定代名詞　*64, 65*
不定関係代名詞　*65*
分詞
　アオリスト能動分詞　*87*
　現在能動分詞　*86*
　完了受動分詞　*74*
　完了中動分詞　*88*
　完了能動分詞　*87*

接合分詞　*91*
第二アオリストの分詞　*89*
未来能動分詞　*87*
目的分詞　*86*
分離符　*8*
文法性　*14*
閉鎖音　*34*
母音
　短母音　*7*
　長母音　*7*
　二重母音　*7*

ま

前接辞　*32*
-μι動詞　*101*
未完了過去　*26*
未来　*29*
名詞
　第一変化名詞　*14*
　第二変化名詞　*20*
　第三変化名詞　*33*
　　子音幹　*33*
　　i幹と母音幹　*35*
　　混合幹　*37*
　第四・第五変化名詞　*100*
命令法　*78*
目的分詞幹　*86*

や・ら

約音　*50*
約音動詞　*50*
流音　*136*

著者略歴
小倉博行（おぐら　ひろゆき）
早稲田大学大学院博士後期課程修了。
主要著書
『ラテン語のしくみ《新版》』（白水社）、『ヨーロッパ世界のことばと文化』（「ラテン語からロマンス語へ」執筆。成文堂）ほか。

ラテン語とギリシア語を同時に学ぶ

2015年9月5日　第1刷発行
2025年2月10日　第7刷発行

著　者　Ⓒ　小　倉　博　行
発行者　　　岩　堀　雅　己
印刷所　　　株式会社三秀舎

101-0052 東京都千代田区神田小川町3の24
発行所　電話 03-3291-7811（営業部）, 7821（編集部）　株式会社　白水社
www.hakusuisha.co.jp
乱丁・落丁本は、送料小社負担にてお取り替えいたします。

振替 00190-5-33228　　Printed in Japan　　株式会社ディスカバリー

ISBN978-4-560-08700-8

▷本書のスキャン、デジタル化等の無断複製は著作権法上での例外を除き禁じられています。本書を代行業者等の第三者に依頼してスキャンやデジタル化することはたとえ個人や家庭内での利用であっても著作権法上認められていません。